transforme seus
hábitos e sua vida

FUMIO SASAKI

transforme seus
hábitos e sua vida

TRADUÇÃO
MARCIA BLASQUES

BOKUTACHI WA SHUUKAN DE, DEKITEIRU
Copyright © 2021, 2018 Fumio Sasaki
Direitos para tradução para o Português no Brasil contratados com Wani Books CO., LTD.
Intermediado pela Japan UNI Agency, Inc., Tokyo e Patricia Natalia Seibel
Tradução para Língua Portuguesa © 2021, Marcia Blasques
Todos os direitos reservados à Astral Cultural e protegidos pela Lei 9.610, de 19.2.1998.
É proibida a reprodução total ou parcial sem a expressa anuência da editora.
Editora Natália Ortega; **Editora de arte** Aline Santos
Produção editorial Bárbara Gatti, Jaqueline Lopes, Renan Oliveira e Tâmizi Ribeiro
Revisão Pedro Siqueira
Capa Agência MOV
Foto do autor Copyright © Fumio Sasaki

Dados Internacionais de Catalogação na Publicação (CIP)
Angélica Ilacqua CRB-8/7057

S263t
    Sasaki, Fumio
      Transforme seus hábitos e sua vida / Fumio Sasaki ; tradução de Marcia Blasques. — Bauru, SP : Astral Cultural, 2021.
      320 p.

    ISBN 978-65-5566-178-1

      1. Autoajuda 2. Desenvolvimento pessoal I. Título II. Blasques, Marcia

21-5351
                                      CDD 158.1

Índice para catálogo sistemático: 1. Autoajuda

 ASTRAL CULTURAL EDITORA LTDA.

BAURU
Av. Duque de Caxias, 11-70
8°andar
Vila Altinópolis
CEP 17012-151
Telefone: (14) 3235-3878

SÃO PAULO
Rua Major Quedinho 111 - Cj. 1910,
19° andar
Centro Histórico
CEP 01050-904
Telefone: (11) 3048-2900

E-mail: contato@astralcultural.com.br

sobre a estrutura deste livro

Esta obra segue a mesma lógica da aquisição de um hábito: o começo é a parte mais difícil. Então, se você quiser aprender rapidamente as "dicas para fazer de algo um hábito", vá em frente e leia apenas o capítulo 3.

No capítulo 1, analisamos a questão da "força de vontade". Quando chegamos a adquirir um determinado hábito, em geral, acabamos sendo incapazes de perseverar nele. E frequentemente repetimos: "Não tenho força de vontade". Vou analisar o que é exatamente essa força de vontade que expressamos quando somos fortes ou fracos.

No capítulo 2, volto as atenções para o que são os hábitos, assim como para a questão da "consciência". Considero que hábitos são as "ações que fazemos sem pensar muito" — em outras palavras, são ações que fazemos sem usar nossa "consciência", mas que acreditamos ser a nossa mente.

No capítulo 3, explico os cinquenta passos para adquirir e manter um hábito. São pontos que servirão como referência quando você começar a fazer ou desistir de fazer alguma coisa. Embora existam muitos livros sobre hábitos, minha intenção é compilar a essência deles em uma única obra.

No capítulo 4, reescrevo o significado das palavras "talento" e "esforço" para capturar o que ficou evidente para mim ao estudar os hábitos e suas possibilidades expandidas que testemunhei ao colocá-los em prática. Os hábitos não são eficientes só para alcançar objetivos; sinto que eles têm um significado mais profundo.

sumário

introdução 9

capítulo 1. o que é força de vontade? 15
capítulo 2. o que são hábitos? 61
capítulo 3. 50 passos para adquirir novos hábitos 103
capítulo 4. somos feitos de hábitos 257

posfácio 307

recapitulando: 50 passos para adquirir novos hábitos 313

recapitulando: 14 inibidores de bons hábitos 317

introdução

Sempre achei que eu não tinha talento algum. Nunca conseguia fazer a mesma coisa por muito tempo, não importava o quanto tentasse, era incapaz de produzir resultados significativos nos estudos ou nos esportes. Mas, desde que comecei a estudar os hábitos, mudei de ideia. Talento não é a questão principal. Isso porque talento não é algo que nos é "dado". Talento é "criado", é o resultado da continuação de um hábito.

Há um autor de quem gosto, Kyohei Sakaguchi, que escreve romances com combinações de palavras completamente distintas das de outros autores. Ele consegue tocar melodias emocionantes no violão e suas ilustrações rivalizam com as de artistas contemporâneos. Recentemente, Sakaguchi começou a fazer cadeiras e até a tricotar. Não importa para que aspecto dele você olhe, para onde olhar verá talento.

Soube que este homem ouviu do próprio pai algo como: "Você não tem talento, então desista"; enquanto seu irmão dizia: "Você teve sorte com o acaso, graças ao número de tentativas que fez". Há uma frase que Sakaguchi repete como um mantra: "Não é talento. É continuidade".

Sei que o astro do beisebol Ichiro Suzuki e o autor de best-sellers Haruki Murakami — e qualquer pessoa que seja bem-sucedida no que faz —, em geral, não reconhecem que possuem talento. Por outro lado, histórias sobre pessoas com dons especiais nos cativam: *Dragon Ball*, no qual o talento é despertado pela raiva; *Slam Dunk*, em que o protagonista, que só se metia em brigas, de repente descobre ser capaz de dar saltos magníficos; e filmes de Hollywood como *Matrix*, no qual "o escolhido" se torna ciente de suas habilidades da noite para o dia.

Quando você vive a vida real por um tempo, começa a perceber que o talento é de algum modo diferente desse tipo de coisa. Olhe para os indivíduos talentosos no mundo e você verá que todos estão se esforçando. Tem uma frase que diz:

> A genialidade é, em geral, só o poder de fazer esforços contínuos.
> Elbert Hubbard

Ok, tudo bem. Talvez um gênio seja uma pessoa que pode continuar se esforçando. Então, penso: talvez eu não tenha o talento para continuar fazendo esforço.

Tenho a sensação de que palavras como "talento" e "esforço" são usadas a partir de conceitos errados. Talento não é algo dado a nós pelos céus, e esforço não significa nos matar de trabalhar. Acho que o conceito de "hábito" pode devolver o talento e o esforço às pessoas normais. Pois talento e esforço não são características que só podem ser alcançadas por poucos; são coisas que todos podemos adquirir, dependendo de como fazemos para alcançá-las. Em resumo:

• Talento não é algo que nos é "dado"; é "criado" a partir do nosso esforço.
• Esforços podem ser mantidos se conseguimos transformá-los em hábitos.
• É possível aprender métodos para adquirir hábitos.

Escrever meu livro anterior, *Dê adeus ao excesso*, me libertou do complexo de inferioridade em relação a dinheiro e posses. E, ao escrever este novo livro, estou tentando diminuir meu complexo em relação a "esforço" e "talento".

Acho que este será o último livro de "autoajuda" para mim mesmo. Vamos começar.

O hábito é uma segunda natureza.
Cícero

O hábito é uma segunda natureza!
O hábito é dez vezes a natureza.
Duque de Wellington

Somos o que fazemos repetidas vezes.
Excelência, então, não é um ato,
mas um hábito.
Will Durant

capítulo 1

o que é força de vontade?

como passo meus dias

"Sou o tipo de pessoa que eu queria ser." Meu diretor favorito, Clint Eastwood, certa vez disse uma frase como esta. Eu jamais poderia dizer algo assim. Mas tenho o tipo de vida que costumava querer ter. Vou dar uma amostra de um dia comum na minha vida.

Minha rotina de horários em um dia típico:

5h: Levantar; fazer um pouco de ioga
5h30: Meditar
6h: Escrever meus textos ou os textos do meu blog
7h: Limpar a casa; tomar banho; lavar a roupa; tomar café da manhã; preparar o almoço
8h: Escrever no meu diário; praticar inglês; ler as notícias ou as redes sociais
9h10: Tirar uma soneca (um jeito estratégico de voltar para a cama)

9h30: Ir até a biblioteca
11h30: Almoçar
14h30: Sair da biblioteca
15h: Tirar outra soneca
15h30: Ir para a academia
17h30: Fazer compras no supermercado, responder e-mails e verificar as redes sociais
18h: Assistir a um filme após o jantar
21h: Alongar meu corpo
21h30: Ir para a cama

Minha rotina é praticamente a mesma todos os dias, até de final de semana. Minhas folgas acontecem quando quero visitar amigos, ir a um evento ou viajar. Tiro um dia de descanso por semana. Atualmente, estou com quase quarenta anos e sou solteiro. Vivo sozinho e escrevo como ocupação.

"Qualquer um pode fazer isso se for solteiro e tiver liberdade como freelancer", você pode pensar. Mas as coisas eram diferentes antes de eu conseguir o tempo e a liberdade com os quais sonhava tanto.

aproveitando a vida sem emprego fixo

Todos os problemas da humanidade se originam na incapacidade do homem de sentar quieto em um quarto sozinho.
Blaise Pascal

Em 2016, saí da editora em que trabalhava e comecei a escrever como freelancer. Eu tinha acabado de receber um bônus que me permitiria não me preocupar com dinheiro por um período. Ninguém se zangaria comigo, independentemente do tempo que eu dormisse por dia, e eu era livre para sair e me divertir no horário comercial. Tinha passado doze anos frenéticos como editor. Pensei que não seria ruim pegar leve por um tempo.

Então, comecei a mergulhar, a surfar, a correr maratonas e a encarar todos os desafios que estavam na minha lista de desejos. Aprendi várias habilidades também: dirigir um carro, cultivar uma horta e fazer atividades manuais. Mudei de Tóquio para Kyoto, e aproveitei para visitar lugares em Kansai que não conhecia.

Essa pode parecer uma situação ideal. Muitas pessoas provavelmente gostariam de passar o tempo assim se ganhassem na loteria ou depois de se aposentar: deixar de fazer as coisas de que não gostamos de fazer, e fazer só o que desejamos fazer. Será?

somos mais felizes se não temos muito tempo livre

Quando trabalhava como editor, era uma alegria ler algum livro na pequena pausa depois do almoço. Eu achava que teria mais tempo para desfrutar se saísse do trabalho, mas, na verdade, não foi assim.

Em geral, as pessoas imaginam que "poderiam fazer alguma coisa se tivessem mais tempo", mas, às vezes, isso não é possível quando se tem tempo em excesso nas mãos. Também é difícil encontrar algo para fazer todos os dias. Eu inventava uma tarefa e me dedicava a ela, ou então encontrava algum lugar interessante para visitar, mas sempre acabava entediado um tempo depois.

Então, passei a ficar divagando com mais frequência. Jogava minha bola antiestresse para o alto e a pegava ao cair. Foi a única coisa na qual fiquei realmente bom naquela época. Certa vez, fui passar uma tarde em um spa perto de casa — e por algum motivo, percebi que não estava feliz. Não era de estranhar — eu não tinha estresse ou fadiga que precisavam ser curados.

Segundo um estudo conduzido pelo governo japonês, o nível da nossa felicidade diminui quando temos mais do que sete horas livres ao dia. Eu realmente concordo com esse apontamento. Acho que ser feliz está relacionado a ter tempo e liberdade de fazer o que quiser. Mas ter tempo e liberdade de sobra também não vai tornar uma pessoa feliz.

O que me esperava depois que escapei da falta de liberdade era, estranhamente, a dor da liberdade. Gandhi disse, certa vez: "A indolência é um estado prazeroso, mas angustiante; precisamos fazer alguma coisa para sermos felizes". Eu me sentia exatamente assim. Havia um prazer, mas era muito angustiante. Os vegetais que plantava não cresciam. Eu olhava para a horta e me sentia estagnado como ela. As coisas não deviam ser daquele jeito.

As pessoas costumam dizer: "Vamos fazer as coisas que gostamos de fazer". É uma boa ideia. Mas "fazer somente as coisas que gostamos de fazer" é outra coisa completamente diferente.

uma rede de segurança chamada minimalismo

O que me salvou foi o fato de que eu praticava um estilo de vida minimalista. Possuía poucas coisas em casa, e tinha o hábito de arrumação e limpeza diária. Há uma conexão entre o estado da sua mente e o estado da sua casa. Acho que o fato de o meu lar estar sempre limpo me serviu como uma rede de segurança quando caí em depressão. Estou realmente feliz por ter reduzido minhas posses.

Também foi bom eu ter parado de beber. Se não fosse isso, acho que teria começado a consumir bebidas alcoólicas em plena luz do dia para me distrair. O que faltava para mim era uma sensação de realização na minha vida cotidiana, uma sensação de autodesenvolvimento. Lá no fundo eu já sabia disso.

Matar aula e fugir da escola pode fazê-lo feliz se conseguir sair impune, mas o prazer vai acabar depois de um tempo. Mais de uma vez me senti culpado depois de inventar alguma desculpa, escrevê-la na agenda e ir embora do escritório.

Parece uma coisa do destino eu ter escolhido falar sobre hábitos logo depois de ter escrito um livro sobre minimalismo. Sem esse tema, minha mente poderia ter se voltado aos dias preguiçosos aos que tinha anteriormente ao pré-minimalismo.

Claro, para manter meus hábitos atuais, usufruo do fato de trabalhar como freelancer, e isso não seria possível se eu tivesse um filho pequeno. Mas você não pode adquirir um hábito só porque tem muito tempo e energia; na verdade, essas coisas podem se tornar obstáculos. Acredito que os esforços que fiz e as coisas que aprendi para adquirir hábitos serão úteis de alguma forma até para pessoas ocupadas com seus empregos e com a criação de seus filhos.

por que as resoluções de Ano-Novo acabam fracassando?

As minhas resoluções, pelo menos, sempre terminaram em fracasso.

- Levantar mais cedo de manhã para ter uma vida organizada;
- Manter uma rotina de arrumação e conseguir manter sua casa limpa;
- Não comer ou beber demais para manter um peso adequado;
- Fazer exercícios com regularidade;

• Estudar e trabalhar com afinco, em vez de postergar as coisas.

Dormir bem, limpar a casa, comer, fazer exercício físico, estudar e trabalhar. Os hábitos que queremos adquirir, em geral, são os mesmos para todo mundo. O problema está em identificar por que é tão difícil cumpri-los.

Não sou exceção. Sempre estabeleci objetivos para minha vida no Ano-Novo. Conforme um estudo, a probabilidade de esses alvos serem alcançados até o fim do ano seguinte era de meros 8%. Meus objetivos estavam sempre entre os 92% que não eram alcançados, e minhas "resoluções de Ano-Novo" nunca mudavam de um ano para outro.

Sempre pensei que era porque eu tinha pouca força de vontade dentro de mim. As pessoas dizem "Não tenho força de vontade" quando não conseguem realizar alguma coisa. É um jeito de pensar que há pessoas com muita força de vontade e outras que têm pouca, ou nenhuma.

É justamente esta "força de vontade" que eu gostaria de analisar agora. Embora seja um pouco complicado, quero fazer considerações detalhadas sobre essa tal força de vontade que todo mundo menciona, sem realmente ter muito conhecimento sobre o que realmente é e como funciona.

Antes de mais nada, por que é tão difícil adquirir um hábito? Simplesmente porque há contradições entre as "recompensas" que estão diante de nós e as "recompensas" do futuro.

tudo é baseado em "recompensa" e "punição"

"Recompensa" e "punição" são ideias indispensáveis para os hábitos, e é disso que vou tratar agora.

- Alimentar-se bem;
- Dormir o suficiente;
- Ganhar dinheiro;
- Interagir com as pessoas de quem você mais gosta;
- Ganhar "likes" nas redes sociais.

Tudo isso são recompensas. Você pode pensar nelas como "coisas que o fazem se sentir bem". Podemos considerar que todas as ações humanas são feitas com o intuito de obter algum tipo de recompensa. O problema é que, às vezes, existem contradições nesse processo.

Comer o doce que está na sua frente é uma recompensa. Também é uma recompensa fazer esforço para não comê-lo na busca de manter-se mais saudável. Então, podemos dizer que ganhar peso ou ficar doente por comer demais são punições. Isso significa que se continuarmos desfrutando das recompensas que estão diante de nós, de forma exagerada, não só seremos incapazes de obter recompensas no futuro, mas também seremos punidos de algum modo.

Sabemos o que devemos fazer:

• Cuidar da saúde fazendo esforço para evitar certos tipos de alimentos;
• Fazer exercício em vez de ficar deitado o dia todo;
• Levantar mais cedo em vez de ficar acordado até tarde sem fazer algo produtivo;
• Fazer as tarefas do trabalho ou do estudo, em vez de ficar jogando na internet ou perdendo tempo com bobagens em nossos smartphones.

Mas isso não é tão fácil. Sabemos que conseguiremos nos arrumar pela manhã com calma e pegar o transporte antes da hora do rush (uma recompensa) se acordarmos cedo, mas não conseguimos superar a tentação de ficar na cama por mais cinco minutos (uma recompensa), e ficamos apertando o botão de soneca.

Mesmo quando sabemos que "bebida causa ressaca" (uma punição), não conseguimos parar de beber a garrafa de vinho que está em nossas mãos (uma recompensa). Estamos cientes de que esperar para começar o trabalho ou a tarefa de casa vai exigir que nos apressemos (uma punição) mais tarde, ainda assim não podemos evitar de perder tempo em um jogo ou no smartphone (uma recompensa).

O motivo pelo qual não conseguimos adquirir bons hábitos é que frequentemente nos rendemos às recompensas que estão diante de nós. Pessoas que conseguem resistir às gratificações diante de seus olhos a fim de evitar punições ou de obter as recompensas do futuro são, normalmente, chamadas de "pessoas com muita força de vontade".

uma maçã hoje ou duas maçãs amanhã?

E se Billy chegasse um dia em casa, vindo da escola, e sua mãe lhe dissesse:

— Billy, você pode ganhar um bolo daqui a um ano se fizer a lição de casa antes de ir brincar.

Você não acha que Billy — ou qualquer outra pessoa — iria direto para o jardim, onde seu amigo o estaria esperando?

Não é fácil para as pessoas imaginarem recompensas futuras. Então, elas tendem a preferir recompensas que estão diante delas àquelas que as aguardam mais para frente. Eram as maçãs que Richard Thaler, um teórico da economia comportamental, usava em um experimento para analisar este tema. Gostaria que você pensasse sobre as seguintes questões:

Questão 1
Você prefere:
A. Receber uma maçã daqui a um ano.
B. Receber duas maçãs daqui a um ano e um dia.

A maioria das pessoas tende a escolher a alternativa B. Como elas já vão ter que esperar um ano, um dia a mais não vai fazer diferença. Por isso, elas escolhem ganhar duas maçãs. No entanto...

Questão 2
Você prefere:
A. Receber uma maçã hoje.
B. Receber duas maçãs amanhã.

Neste caso, muitas pessoas — mesmo entre aquelas que escolheram a alternativa B na questão anterior — escolhem a A. Mesmo que a ação necessária de esperar um dia a mais para receber uma maçã extra e a recompensa por esperar sejam exatamente as mesmas, por algum motivo as respostas mudam.

Algumas pessoas podem não gostar de maçãs; nem todo mundo se sente tão atraído por elas quanto Adão se sentia. Então, foi conduzido um novo experimento usando dinheiro, algo que todo mundo gosta.

Questão 3
Você prefere:
A. Receber um dinheiro na sexta-feira
(por exemplo, 10 dólares).
B. Receber 25% a mais em dinheiro na segunda, ou seja, três dias depois (12,5 dólares).

O mais interessante é que quando isso é perguntado antes da sexta-feira, a maioria das pessoas vai racionalmente escolher a letra B, mas, quando a pergunta é feita na própria sexta-feira, 60% dos entrevistados mudam de ideia e escolhem a alternativa A. Talvez você tenha a tendência a escolher a B se estiver tranquilo, como quando está lendo este livro. E se a nota de 10 dólares for sacudida na sua frente?

Questão 1
A. Receber uma maçã daqui a um ano.
B. Receber duas maçãs daqui a um ano e um dia.

Questão 2
A. Receber uma maçã hoje.
B. Receber duas maçãs amanhã.

É difícil visualizar uma maçã que será recebida apenas daqui a um ano, e como isso não parece preocupar ninguém, as pessoas estão dispostas a esperar mais um dia sem dificuldades. Quanto mais distante uma recompensa estiver no futuro, menos valor ela tem. Isso não se aplica só a recompensas. O mesmo pode ser dito de punições. Você vai se sentir pressionado um pouco antes das provas se não começar a estudar mais cedo, mas, naquele momento, é impossível imaginar como você vai se sentir no futuro.

Você pode desenvolver câncer de pulmão se fumar, e pode se tornar diabético se consumir doces em excesso, mas a punição no futuro tende a ser considerada com despreocupação. Significa que, agora, a nicotina e o açúcar que estão diante de você têm mais valor.

um desejo urgente de obter a recompensa

Dessa forma, as pessoas tendem a superestimar as recompensas que estão diante delas e a subestimar ganhos e punições do futuro. Na economia comportamental, isso se chama "desconto hiperbólico". As pessoas não conseguem avaliar racionalmente um valor, como um computador faz. Queremos comer a maçã que está na nossa frente neste momento, e queremos os 10 dólares em vez de termos que aguardar três dias para ganhar 12,5 dólares. Não podemos esperar.

Quando a recompensa está muito distante, não temos vontade de batalhar por ela. Deixar de comer aquele prato saboroso diante de nós ou fazer um exercício hoje não vai nos fazer perder alguns quilos amanhã, por exemplo. Pode levar um ou três meses para perder peso.

O desconto hiperbólico pode explicar por que é difícil adquirirmos bons hábitos, como manter uma dieta saudável, praticar exercícios e ter uma vida organizada.

por que não esperamos a recompensa do futuro?

Por que as pessoas seguem uma prática tão questionável quanto a do desconto hiperbólico? Porque ainda não há uma grande diferença entre o funcionamento das pessoas que viviam antigamente, caçando e coletando, e as pessoas que vivem hoje em dia. A civilização humana só existe há cerca de cinco mil anos, isso representa 0,2% da história da humanidade.

Então, 99% do desenvolvimento do corpo e da mente dos humanos ocorreu por meio das atividades de caça e de coleta. São necessários dezenas de milhares de anos para uma espécie evoluir. Inconscientemente, ainda estamos desenvolvendo estratégias que foram eficazes nos tempos antigos.

Naquela época, a coisa mais preciosa era a comida. Quando as pessoas não sabiam qual seria a próxima vez que teriam acesso a um alimento, comer quando havia oportunidade deve ter sido uma estratégia eficiente.

A situação é completamente diferente hoje. Em um país desenvolvido, como é o caso do Japão, a maioria das pessoas, felizmente, não tem problemas para se alimentar. Há comida não saudável mais que suficiente nos supermercados e nas lojas de conveniência. Hoje em dia é preciso evitar esse tipo de tentação e se exercitar, a fim de garantir o bom funcionamento do organismo. Este se tornou o novo segredo para permanecer saudável e ter uma vida longa.

A maneira mais eficiente de viver bem deveria ser, na verdade, consumir só a quantidade necessária de calorias, e depois dormir como um gato. Mas, ao contrário dos gatos, os humanos criaram uma sociedade na qual é impossível sobreviver dormindo o tempo todo.

O trabalho que é feito por cada ser humano passou a ser sofisticado, o que torna necessário suportar estudos entediantes e ir bem em provas difíceis para receber um certificado, que oferece a cada um de nós certa vantagem no trabalho e, dessa forma, nos faz ganhar dinheiro.

Os homens que viviam no período em que a qualquer hora poderiam ser atacados e mortos por um carnívoro provavelmente não tinham tempo para desfrutar de um romance ou aproveitar a vida de solteiro. Tenho certeza de que, assim que encontravam uma mulher que estava disposta a aceitá-los, transavam apenas para se reproduzir. Mas homens assim possivelmente não seriam aceitos hoje em dia.

As regras do jogo mudaram: não precisamos mais agarrar as recompensas que são oferecidas a nós naquele momento, basta investir e esperá-las chegar. No entanto, a natureza dos jogadores não mudou. É por isso que um fenômeno questionável como o desconto hiperbólico ocorre.

crianças que, de algum modo, conseguem esperar para ganhar marshmallows

Mesmo assim, há pessoas que podem se adaptar às regras do jogo atual. São vistas como aquelas com "muita força de vontade" que conseguem manter bons hábitos e se esforçar para alcançar seus objetivos. Qual a diferença entre as pessoas que pegam rapidamente uma recompensa e as que esperam por ela?

Uma resposta pode ser encontrada no famoso "teste do marshmallow", conduzido pelo psicólogo Walter

Mischel. Gostaria que você prestasse atenção neste teste, já que ele será um dos temas centrais desta obra.

O teste do marshmallow foi realizado em crianças de quatro e cinco anos no jardim de infância da Universidade Stanford, durante a década de 1960. Primeiro, as crianças escolhiam o que queriam comer dentre vários quitutes, como marshmallows, cookies e pretzels. Um destes quitutes (usarei os marshmallows, como exemplo) era colocado na mesa na qual a criança estava sentada. A criança era incentivada a escolher entre as alternativas:

A. Comer um marshmallow diante dos pesquisadores naquele instante;
B. Esperar vinte minutos até que o pesquisador voltasse para poder comer dois marshmallows.

Um sino era colocado perto do marshmallow. As crianças podiam tocá-lo e comer se não conseguissem esperar. Se conseguissem conter o ímpeto de sair da mesa ou de comer o marshmallow antes que o pesquisador retornasse, elas receberiam dois marshmallows depois.

O importante neste teste é que ele estimula a habilidade de a criança renunciar à recompensa diante de si a fim de obter uma recompensa maior no futuro, que é a ação necessária para formar bons hábitos.

Enquanto esperam, as crianças cheiram o doce; sonhadoras, fingem mordê-lo e até lambem o pó que o reveste. A maioria delas que continuou a encarar o marshmallow falhou em não comê-lo. Assim que se permitiam dar só uma mordidinha, não podiam mais parar. Não eram diferentes de adultos no jeito como colocavam as mãos no rosto e sofriam ao não poderem comer algo que queriam muito comer.

No teste, as crianças foram capazes de esperar seis minutos, em média. Dois terços delas não foram capazes de esperar e acabaram comendo o marshmallow. As demais conseguiram esperar e ganharam dois marshmallows.

podemos prever o futuro com o teste do marshmallow?

O experimento começa a ficar interessante a partir desse ponto. Um acompanhamento de longo prazo das crianças que pegaram o marshmallow revelou que, aquelas que mais conseguiram esperar quando fizeram o teste na pré-escola, tiveram melhores nas notas no SAT.[1]

Crianças que conseguiram esperar durante quinze minutos marcaram 210 pontos a mais do que aquelas que fracassaram em trinta segundos.

---

1 [N. da T.]: sigla em inglês para Teste de Aptidão Escolar (Scholastic Aptitude Test). SAT é um exame realizado pelos estudantes no final do ensino médio cujas notas são utilizadas pelas universidades dos Estados Unidos em seus processos de admissão para cursos de graduação.

Crianças que esperaram para comer os marshmallows eram mais populares e queridas por seus colegas e professores e conseguiram empregos com salários melhores. Não tiveram problemas de saúde relacionados por maus hábitos, e o risco de se viciarem em drogas também foi baixo. É assustador que um teste feito com crianças de quatro ou cinco anos tenha conseguido prever o tipo de vida que elas teriam nas décadas seguintes.

Um estudo realizado entre milhares de neozelandeses, desde o nascimento até os 32 anos, apresentou resultados similares, mostrando que crianças de pouca idade com taxas mais altas de autocontrole registram menos problemas de saúde quando adultos, menos doenças sexualmente transmissíveis e melhor saúde dental.

questões que aparecem com o teste do marshmallow

A primeira coisa que vem à mente quando olhamos estes resultados é: "Ok. Então, é decidido no nascimento se uma criança tem capacidade de obter recompensas no futuro e de não se entregar às que já estão disponíveis. Agora tenho certeza de que não sou capaz de adquirir novos hábitos positivos em minha vida". Logo, desistimos de tentar.

Mas, apesar dos resultados obtidos, acho que esse experimento pode gerar várias perguntas. Eis duas delas:

1. As crianças que conseguiram esperar usaram algo parecido com "força de vontade" para renunciar à tentação do marshmallow diante delas. Como essa força de vontade funciona, se é que ela existe? Se é verdade que bons hábitos são adquiridos por causa de uma "grande força de vontade", como todos costumam dizer, então entender o que é força de vontade pode aprofundar nossa compreensão dos hábitos.
2. Esta "força de vontade" é determinada somente no início da nossa vida? Não é possível adquiri-la mais tarde?

o teste do rabanete: nossa força de vontade vai diminuir se a usarmos?

Primeiro, gostaria de pensar sobre a primeira questão. Como funciona essa "força de vontade" que algumas crianças parecem ter?

O famoso "teste do rabanete" leva em consideração a questão da força de vontade das pessoas. É um experimento que o psicólogo Roy Baumeister realizou utilizando cookies de chocolate e rabanetes.

Um grupo de estudantes universitários famintos foi colocado em frente a uma mesa com muitos cookies e uma tigela de rabanetes. O ambiente estava tomado pelo aroma delicioso de cookies caseiros e amanteigados, recém-assados.

Os estudantes foram divididos em três grupos:

A. Estudantes que podiam comer os cookies de chocolate;
B. Estudantes que só podiam comer os rabanetes crus;
C. Estudantes que não podiam comer nada e tinham que continuar com fome.

Falaram para os participantes do grupo B que os cookies seriam usados no experimento seguinte, por isso eles só poderiam comer os rabanetes. Embora nenhum deles tenha comido um cookie, ficou claro que todos estavam atraídos pelos biscoitos, pois os cheiravam e pegavam e, sem querer, derrubavam alguns no chão.

Na sequência, os estudantes foram instruídos a resolver um quebra-cabeças em uma sala separada. Com crueldade, os quebra-cabeças eram feitos de modo a não poderem ser resolvidos. Os estudantes foram testados não só em sua inteligência e capacidade de resolver problemas, mas também em quanto tempo levavam para desistir de um desafio difícil.

Os estudantes do grupo A, que comeram os cookies, e os do grupo C, que não comeram nada, foram capazes de trabalhar nos quebra-cabeças por cerca de vinte minutos. Os estudantes do grupo B só foram capazes de trabalhar neles durante, em média, oito minutos antes de desistirem.

Por muito tempo, este experimento foi interpretado da seguinte maneira: os estudantes do grupo que só podia comer rabanetes tinham usado uma quantidade considerável de força de vontade para não comerem os cookies, por isso desistiam de um quebra-cabeça difícil, que exigia força de vontade. Em outras palavras, a força de vontade era um recurso limitado: quanto mais era usado, menos havia.

É fácil imaginar, a partir deste exemplo, que a força de vontade é limitada. Talvez possamos pensá-la como uma força espiritual que tem limitações, algo como os pontos que são exigidos para usar alguma magia em um jogo de RPG, por exemplo.

Se você nunca jogou RPG, pense na força de vontade como o combustível de um carro. Quando você dirige, a quantidade de gasolina no tanque diminui. Isso parece explicar perfeitamente as ações das quais não podemos abdicar na nossa vida.

Se ficarmos no trabalho até muito depois do horário, por exemplo, temos uma tendência maior a parar em uma loja de conveniência no caminho de casa e comprar doces ou várias bebidas alcoólicas. Neste estado, acabamos ficando intolerantes aos menores atos de outras pessoas.

Em um outro experimento, estudantes que estavam estressados e não se exercitavam consumiam mais cigarros e junk food, além de terem mais preguiça de escovar os dentes ou de se barbear. Eles também dormiam mais e faziam mais compras por impulso.

Essas coisas são provavelmente normais para todo mundo. Para mim, de todo modo, acontecem com muita frequência. A força de vontade realmente parece ser algo que "diminui". Ninguém consegue continuar fazendo cálculos complicados ou se empenhando em um difícil trabalho criativo por longos períodos. Em determinado ponto, a energia se esgota, e é necessário descansar ou dormir um pouco.

a força de vontade não é algo facilmente reduzido

Dados estes exemplos, algumas pessoas podem pensar: "A força de vontade não é simplesmente uma questão de nível de açúcar no sangue?". Esta hipótese foi verificada usando "limonada de verdade", adoçada com açúcar, e "limonada de mentira", adoçada com adoçantes artificiais. O nível de açúcar no sangue não aumentou nos sujeitos que tomaram a limonada falsa, e eles não continuaram o teste. Todo mundo sabe que ninguém tem vontade de fazer nada quando está com muita fome.

É certo pensar na força de vontade simplesmente como uma questão de nível de açúcar no sangue e de energia que se reduz quando é usada? Acho que não, porque há muitas coisas que não podem ser explicadas apenas com estes experimentos.

Por exemplo, há vários registros no meu diário que dizem: "Comi lámen / Acabei comendo batata frita também / E sorvete". É como se não fizesse diferença se eu continuasse a comer. É assim que comemos e bebemos demais.

Considerando que não me obriguei a deixar de comer lámen e batata frita, não usei minha força de vontade, e meu nível de açúcar no sangue se manteve estável. Por que não consegui usar a força de vontade que preservei para ficar longe daquele sorvete?

É natural sentirmos fome, assim como é natural nossa força de vontade se recuperar depois que fazemos exercícios. Mas, mesmo se eu parar em um supermercado no caminho de casa, não sinto vontade de comprar comidas não saudáveis. Por outro lado, quando fico sem fazer nada, pensando que deveria ir para a academia, mas sem conseguir, vou atrás dos alimentos que prejudicam a saúde.

há tipos de força de vontade que diminuem se "não agimos"

Se a força de vontade é como uma energia que diminui quando a usamos, preservá-la o máximo possível deveria ser uma estratégia eficiente. É como Kaede Rukawa, do mangá *Slam Dunk*, desistindo do primeiro tempo de um jogo de basquete para se concentrar no segundo.

Seguindo essa lógica, poderíamos usar nossa força de vontade com mais eficiência se dormíssemos até mais tarde e se sempre chegássemos aos nossos compromissos no último minuto. Alguém que visse você descansando de manhã poderia pensar: "Será que ele está desistindo da manhã?". Mas a verdade é que pessoas que descansam neste horário tendem a descansar à tarde também.

Assim, a menos que eu acorde e me levante adequadamente de manhã, não consigo me concentrar no trabalho ou no exercício que vem na sequência. Fico arrependido por não ter feito o que devia fazer e, às vezes, não consigo fazer mais nada. Em outras palavras, a força de vontade pode diminuir não só quando fazemos algo, mas também quando não fazemos algo.

a força de vontade é afetada pelas emoções

Acredito que são as emoções que perdemos ao não fazermos algo. Nosso nível de açúcar no sangue vai se recuperar se comermos ou bebermos demais, mas também ficaremos arrependidos. O mesmo acontece quando não conseguimos adquirir um hábito que resolvemos ter; desenvolvemos uma falta de confiança em nós mesmos.

Vários problemas podem ser resolvidos se considerarmos nossas emoções como um fator-chave. Quando estamos chegando perto de completar uma maratona, trocamos cumprimentos com as pessoas que se amontoam nas ruas para torcer por nós. Nossos joelhos doem, e podemos sentir que chegamos ao nosso limite, mas ouvir uma criança nos incentivando a continuar nos dá vontade de seguir um pouco mais em frente. É a recuperação da nossa força de vontade.

Há variações do teste da limonada que vão na seguinte linha: a força de vontade dos sujeitos testados se recupera imediatamente quando, em vez de beber a "limonada real", são obrigados a cuspi-la logo em seguida. A limonada que tinham acabado de colocar na boca era provavelmente algo como o incentivo da criança.

Não que a energia e o açúcar tenham sido repostos; só parecia que isso os deixava mais felizes.

a incerteza diminui nossa força de vontade

A alegria que é gerada quando colocamos a limonada na boca ou cumprimentamos um torcedor nos permite recuperar a força de vontade. Por outro lado, a incerteza e a falta de confiança são emoções negativas que exauram nossa força de vontade. Então, caímos em um círculo vicioso, que nos leva à incapacidade de enfrentar o próximo desafio.

Há um experimento que apoia essa ideia. A serotonina equilibra nosso sistema nervoso simpático e com o parassimpático e estabiliza nossa mente. As pessoas sentem insegurança se essa combinação não funciona direito. Sabe-se, por exemplo; que a serotonina é inerte nos cérebros de pessoas que sofrem de depressão.

Nesse experimento, o nível de serotonina encontrado no cérebro das pessoas foi temporariamente aumentado e diminuído. Essas pessoas tentavam pegar as recompensas assim que os níveis de serotonina estavam baixos, da mesma forma que tentavam aguardar recompensas futuras quando os níveis de serotonina estavam elevados. Isso significa que níveis baixos de serotonina causam redução da força de vontade e inibem a conquista de bons hábitos.

são as emoções — e não a força de vontade — que podem ser gastas

Quando consideramos o teste do rabanete a partir da perspectiva das emoções, seus resultados também podem ser vistos sob uma luz distinta. Diante de você está um cookie de chocolate que cheira muito bem, mas lhe disseram que você não pode comê-lo. Você não se sentiria decepcionado e triste? Será que não foram estas emoções as afetadas no teste do rabanete, e não a força de vontade?

Há momentos em que você está ocupado no trabalho e come qualquer coisa comprada na loja de conveniência. Você devia ser capaz de preservar sua força de vontade, já que não teve que cozinhar nada elaborado. Mesmo assim, de algum modo, fazer isso deixa você com uma sensação de melancolia. Não seria por causa do sentimento de não estar cuidando bem de si mesmo, e não por causa do sabor da comida?

Acho que as mulheres são muito capazes de pintar as unhas e se empenharem com muito vigor nessa tarefa, independentemente da sua força de vontade, porque estão aumentando sua autoestima ao cuidarem de si mesmas.

É o que acontece comigo ao fazer um esforço para limpar a casa com mais frequência quando estou ocupado. A casa das pessoas fica bagunçada quando estão muito ocupadas, porque elas tendem a pensar: "Não tenho tempo para fazer isso". Mas minha sensação é de que, na verdade, depois de limpar a casa, fico mais motivado para realizar as outras tarefas que tenho durante o dia. Na verdade, nossa força de vontade aumenta porque nos sentimos muito bem de termos arrumado tudo.

quando nos sentimos bem, podemos esperar nossos marshmallows

Os resultados do teste do marshmallow também podem variar dependendo das emoções que as pessoas experimentam no momento.

Quando falaram para as crianças pensarem em algo divertido enquanto esperavam o pesquisador voltar, elas foram capazes de esperar três vezes mais. Por outro lado, quando falaram para elas pensarem em algo triste, não conseguiram esperar nada.

O psicólogo Tim Edwards-Hart também conduziu um experimento parecido. Ele formou dois grupos e mostrou aos sujeitos um filme antes que eles fossem trabalhar. Eram dois tipos de filme:

A. Um filme feliz;
B. Um filme triste.

A produtividade de quem assistiu ao filme feliz aumentou mais de 20%. Parece que não é só para se exibir que a Pixar tem um escorregador dentro da própria empresa, ou então que os escritórios do Google são coloridos, cheios de brinquedos e videogames, um lugar bem parecido com uma escola infantil voltada para adultos.

sistema quente e sistema frio

Não fazer alguma coisa vai gerar emoções negativas e incertezas, e também impedirá as pessoas de encontrarem motivação, o que é outro desafio contínuo. Por que um círculo vicioso tão horrível nos aguarda?

A fim de entender isso, precisamos dar uma olhada em nosso cérebro. Ele é estruturado como uma cebola, partes novas geradas pela evolução foram se envolvendo às partes antigas e bastante primitivas. Muitos pesquisadores acreditam que o cérebro tem dois sistemas:

1. Instintivo: sistema reflexivo, cuja velocidade de resposta é rápida. Determina coisas por meio das emoções e da intuição. Corresponde ao sistema límbico, ao corpo estriado e à amígdala cerebral (o "cérebro antigo").

2. Racional: sua velocidade de resposta é mais lenta e funciona quando algo é despertado Permite o pensamento, a imaginação e o planejamento. Corresponde ao lóbulo frontal (ou "cérebro novo").

Embora possam existir vários nomes para esses dois sistemas, gostaria de usar as palavras de Walter Mischel, criador do teste do marshmallow, e chamá-los de (1) "sistema quente" e (2) "sistema frio".
A princípio pode parecer um pouco complicado, mas acredito que fica mais fácil entender se pensarmos nesses sistemas da seguinte forma:

1. O sistema quente é chamado assim porque você é guiado por suas emoções e desejos ("Eba, um marshmallow. Vou comê-lo.");
2. O sistema frio analisa as coisas com mais calma ("Ok, então terei uma recompensa maior mais tarde se eu não comer isso agora...").

Um sistema não pode funcionar com tanta força se o outro estiver ativado. Eles estão interagindo e se suplementando constantemente.

o estresse pode enlouquecer o sistema quente

Nosso sistema quente se torna ativo quando somos pessimistas ou temos pensamentos de insegurança.

Como falei antes, muitos dos sistemas do nosso corpo são remanescentes de tempos antigos.

A maioria das causas de estresse naquela época tinha relação com encontrar ou não comida. Então, comer a comida que estava diante de nós e descansar sempre que fosse possível devia ser um jeito bem eficiente de lidar com o estresse.

Mas, hoje, em países desenvolvidos, ter comida à disposição não é mais uma grande questão, ainda que estejamos em situação de estresse. Mesmo assim, nossas estratégias principais continuam as mesmas.

Nosso instinto entra em cena: parece racional consumir mais calorias ou escapar de coisas de que não gostamos, por exemplo. É possível explicar por que comemos e bebemos muito ou nos tornamos incapazes de assumir o próximo desafio.

esfriando nosso sistema frio

O sistema frio impede o sistema quente de ficar louco.

Veja este exemplo. Vamos dizer que você está andando na rua, em um dia chuvoso, e um carro passa em alta velocidade em uma poça e molha você. Todo mundo tende a ficar chateado ou a gritar com o motorista que o molhou. Essa resposta se deve ao nosso sistema quente. Mas isso pode ser controlado pela nossa "cognição", ou "mente consciente", que é manipulada pelo sistema frio.

A cognição é ver a realidade não exatamente como ela se apresenta, mas de um jeito diferente. "Talvez haja uma mulher grávida no carro que, de repente, começou a sentir as dores do parto, então estão correndo para levá-la ao hospital."

Você pode aplacar a raiva ao pensar dessa forma. Walter Mischel chama isso de "esfriar" o sistema quente. Essa é a interação existente entre o sistema frio e o sistema quente.

a força de vontade é um talento com o qual nascemos?

É a segunda questão que mais me preocupa em relação ao teste do marshmallow. Ao ver como tudo, desde o desempenho de uma pessoa na escola até sua saúde, pode ser previsto pelo teste, fico me perguntando se a força de vontade é determinada na idade de quatro ou cinco anos.

Segundo Mischel, a maioria das crianças que foi capaz de esperar quinze minutos e receber dois marshmallows demonstrou excelente força de vontade durante as décadas seguintes. Essa é "a maioria" delas, porque também houve crianças cujas habilidades se tornaram reduzidas. Bem como tiveram crianças que comeram imediatamente o marshmallow e, conforme ficaram mais velhas, adquiriram a capacidade de se controlar.

mude seu ambiente e sua força de vontade vai mudar

Esteja ciente de que, quando os critérios mudam, os resultados do teste do marshmallow mudam significativamente:

- Os sujeitos foram capazes de esperar duas vezes mais tempo quando os marshmallows eram mostrados em projetores, em vez de usar marshmallows de verdade.
- Os sujeitos que não foram capazes de esperar num primeiro momento conseguiam esperar dez vezes mais tempo quando os marshmallows eram tampados por uma bandeja.

Em outras palavras, eles foram capazes de esperar mais tempo quando os marshmallows reais não estavam à sua vista. As crianças que conseguiram esperar no experimento inicial cantavam, faziam caretas, tocavam piano ou iam dormir. Elas sabiam como se distrair dos marshmallows que estavam diante delas. Por outro lado, as crianças que continuaram a encarar os marshmallows diante de si, em geral, fracassaram no teste.

não é uma questão do número de vezes que foram seduzidas?

Que tal isto: talvez as crianças que não puderam esperar fracassaram não porque tinham pouca força de vontade, mas sim porque simplesmente foram seduzidas com mais frequência pelos marshmallows.

Essas crianças tinham ficado encarando os doces por um tempo. Isso significa que elas já estavam imaginando o gosto doce do marshmallow enquanto esperavam, e acabaram sendo seduzidas.

De fato, as crianças que foram instruídas a pensar nos marshmallows enquanto esperavam foram capazes de aguardar pouco tempo.

a dopamina faz coisas ruins conosco

Na verdade, o fracasso das crianças acontece devido ao fato de que elas ficam olhando os marshmallows. Isso ocorre por causa das "coisas ruins" que a dopamina faz conosco.

O entendimento geral sobre a dopamina é que trata-se de um neurotransmissor liberado quando experimentamos uma sensação de prazer, por exemplo, quando comemos algo saboroso, ganhamos dinheiro ou fazemos sexo com a pessoa que amamos. É por isso que as pessoas agem em busca destes prazeres. Esse é apenas um resumo, pois o mecanismo da dopamina é um pouco mais complicado.

O neurologista Wolfram Schultz realizou um experimento interessante, no qual dava várias recompensas aos macacos. O corpo estriado, a parte do cérebro onde está concentrada a dopamina, disparava rapidamente quando uma gota de suco era pingada na língua dos animais.

Mas, quando sinais luminosos eram mostrados aos macacos antes de receberem o suco, a dopamina começava a ser liberada antecipadamente, não em resposta ao suco, mas ao sinal luminoso. Sendo assim, a dopamina começou a corresponder ao "sinal" do que era esperado, e não à coisa em si. O mesmo acontece com as pessoas, e acho que isso se aplica a vários casos.

Não é verdade que as pessoas costumam ficar mais animadas com o Facebook e o Twitter não quando estão verificando suas mensagens, mas quando recebem uma notificação?

Não é verdade que temos mais vontade de tomar uma cerveja quando somos seduzidos pelo som de uma lata sendo aberta e pelo barulho do líquido sendo servido em um copo, e menos porque somos atraídos pela cerveja em si?

Considere também o seguinte experimento: quando ratos recebem um medicamento que obstrui a liberação de dopamina, eles deixam de comer. Como desejar algo é impossível quando a dopamina é obstruída, os ratos não têm vontade de comer, não importa o quão famintos estejam ou o quão saboroso seja o alimento diante deles.

Desta forma, a dopamina gera o desejo, e isso serve como motivação para a ação. Nós agimos porque queremos algo; se a dopamina não é liberada, não vamos querer essa coisa e, naturalmente, não vamos agir.

"consciência" é uma habilidade que se pode aprender depois

Claro que as crianças que não se controlaram e comeram os marshmallows certamente já conheciam o sabor desse doce. É por isso que só de olhar elas podiam imaginar sua doçura e sua maciez e recriar a sensação de comê-los. A dopamina começou a agir e o desejo de comer foi gerado, o que incentivou a ação. Não é de estranhar que algumas crianças sejam incapazes de se controlar quando colocadas diante de tal tentação.

Para renunciar aos marshmallows, antes de mais nada, é preciso não ser seduzido. Então, as crianças que resistiam à tentação usavam o poder cognitivo do seu sistema frio, que lhes dizia como interpretar a realidade diante de si.

- Elas eram capazes de esperar duas vezes mais tempo quando lhes pediam que pensasse nos marshmallows como "nuvens redondas e fofinhas";
- Elas eram capazes de esperar, em média, dezoito minutos quando lhes diziam que os marshmallows "não eram de verdade".

As crianças se tornaram capazes de esperar ao simplesmente mudarem sua percepção dos marshmallows. O mecanismo da dopamina para motivá-las enfraquecia, e tenho certeza de que elas eram muito menos seduzidas do que antes.

As crianças que não recebiam nenhuma instrução dos pesquisadores, mas conseguiam esperar mesmo assim, eram capazes de se distrair dos marshmallows desde o início. Certamente seu sistema frio tinha excelentes capacidades cognitivas.

Ao oferecer dicas quanto às habilidades cognitivas, os pesquisadores foram capazes de ajudar as crianças que, caso contrário, teriam tido dificuldade para colocar isso em prática. O que significa que essa é uma habilidade que pode ser adquirida.

o sistema frio também mente

Pensar nos marshmallows como se fossem nuvens redondas ou como se fossem falsos é um trabalho que exige alto nível de cognição do sistema frio. Na minha opinião, se há mesmo algo que pode ser desenvolvido, é esta capacidade cognitiva, e não algo vago como força de vontade.

Mas existem crianças que usaram o sistema frio para "trapacear". Isso acontece porque o sistema frio é também uma estrutura que raciocina, calcula e planeja. Uma criança comeu apenas o interior de um marshmallow, de modo que não parecia que o doce tinha sido comido. Outra quebrou um cookie, lambeu o recheio cremoso, e juntou o biscoito de novo. Essas crianças usaram o sistema frio de forma engenhosa para obter a recompensa imediata.

É também o sistema frio que está agindo quando você pensa consigo mesmo que, embora queira perder peso e não esteja com fome, é melhor comer porque talvez você fique com fome mais tarde, ou quando inventa uma desculpa como "Hoje é dia de comemorar e vale a pena me dar ao luxo de comer uma porçãozinha", ou quando você diz a si mesmo que tudo bem tomar um sorvete, já que nos dois dias anteriores você não comeu nenhum doce. Um plano detalhado para cometer um crime, como o do filme *Onze homens e um segredo*, existe por causa do sistema frio também.

A força de vontade não é confiável, já que sempre será afetada pela emoção. E o sistema frio também pode ser manipulado. Isso faz com que pensemos que estamos em um beco sem saída. O que devemos fazer, então?

uma pessoa com muita força de vontade não sofre tentação

O que vai servir como referência aqui é um experimento feito na Alemanha que procurou saber a quantas tentações as pessoas são sujeitas em um dia. Mais de duzentas pessoas usaram bipes, que tocavam de maneira aleatória, sete vezes ao dia. Elas tinham que relatar os tipos de desejos que sentiam no momento em que os bipes tocavam e um pouco depois disso. O resultado sugere que as pessoas lutavam contra algum tipo de tentação pelo menos durante quatro horas todos os dias.

Lutar contra o desejo de dormir um pouco mais, sabendo que é preciso levantar, contra a tentação de experimentar uma comida que parecia deliciosa a necessidade de trabalhar versus o desejo de sair e se divertir. As pessoas são suscetíveis a tipos de desejo como "Quero comer esse marshmallow que está na minha frente" durante uma quantidade considerável de tempo a cada dia.

O experimento também demonstrou que pessoas que acreditavam ter grande força de vontade tinham períodos mais curtos de desejo. Não que tivessem uma força de vontade forte que as permitisse superar as tentações quantas vezes fossem necessárias; elas só eram seduzidas com menos frequência.

preocupar-se é chamar a atenção

A habilidade de relatar um conflito que estamos vivenndo, como os participantes do estudo faziam toda vez que o bipe tocava, demonstra que estamos claramente cientes do desafio e nos perguntando o que fazer a respeito.

Quando corro uma maratona, e se as coisas estiverem indo bem, quase esqueço do que estou fazendo. O maratonista Arata Fujiwara vai ainda mais longe quando diz: "Fico adormecido nos primeiros trinta quilômetros". É provavelmente como um estado de meditação.

Mas isso não se aplica quando seus joelhos começam a doer. Vai haver mais de uma ocasião em que sua mente consciente chamará sua atenção: "Quantos quilômetros faltam? Ainda faltam dez quilômetros?" "O quê? Só corri quinhentos metros desde a última vez que pensei nisso? Devo desistir?". O tempo parece ir mais devagar quando uma tarefa é difícil porque você começa a pensar nele com mais frequência.

Estou escrevendo este livro em uma biblioteca. Esqueço do tempo quando as coisas estão indo bem. É o que chamamos de estado de fluxo. Mas basta o texto começar a travar para eu pensar em parar de escrever.

Antes, costumava usar um aplicativo para contar o número de vezes que isso acontecia. Em geral, ia embora da biblioteca quando acontecia cerca de dez vezes e eu já não estava aguentando mais.

tomar uma decisão é tão irracional quanto jogar uma moeda

Há muitos aspectos no processo de tomada de decisão em que os seres humanos são extremamente irracionais. Vamos dizer que jogamos uma moeda para o alto. Quero que você aposte se vai dar cara ou coroa. É provável que você tenha sido capaz de decidir imediatamente em qual resultado queira apostar. Mas é difícil explicar essa decisão. Embora ela definitivamente seja sua, você não sabe de verdade o motivo por trás dela. Quando alguém se perde, pode escolher de forma provisória que caminho tomar, sem um motivo aparente. Não é a mesma coisa em relação a comermos ou não o marshmallow?

Mischel descreve ter visto diversas vezes durante a aplicação do teste do marshmallow crianças que não conseguiam se controlar e, de repente, estendiam a mão para tocar o sino, então afastavam o olhar com uma expressão angustiada, como se não acreditassem no que tinham feito.

Parece que, embora as ações durante o teste tivessem sido, sem dúvida, ações que a criança havia tomado por vontade própria, havia também alguma parte dessas ações que ela não tinha escolhido.

hábitos são coisas que fazemos quase sem pensar

Acho que ser seduzido pelos marshmallows é como jogar uma moeda para o alto. Um lado da moeda diz: "Não coma o marshmallow, espere"; e o outro: "Coma o marshmallow".

Sabemos que devíamos ser mais pacientes. Mas em algum momento vamos fazer algo que conscientemente não faríamos.

Não é porque temos pouca força de vontade que não esperamos pelo marshmallow. É porque jogamos a moeda vezes demais. Talvez a solução seja não jogar a moeda — ou, em outras palavras, não chamar nossa consciência.

Mas nossa consciência é chamada quando há uma questão diante de nós com a qual temos que nos preocupar. Por exemplo: ninguém acha que a decisão de receber 100 dólares ou 1.000 dólares é uma questão com a qual devemos nos preocupar, por exemplo. É só quando há valores similares diante de nós que precisamos pensar qual vale mais, e então começamos a nos preocupar. Receber uma maçã hoje ou duas maçãs amanhã?

"Ações que realizamos quase sem pensar, sem chamar nossa consciência": acho que é isso que os hábitos são. O que é, então, esta "consciência" que é chamada quando nos preocupamos com alguma coisa?

Como as pessoas podem começar a agir melhor — parar de comer os marshmallows —, sem usar sua consciência? Como elas podem transformar as coisas que querem fazer conscientemente em hábitos? Vamos dar uma boa olhada nisso no capítulo 2.

resumo do capítulo 1

- Desconto hiperbólico é a tendência humana a exagerar nas recompensas imediatas e minimizar nossa expectativa de recompensa (ou punição) no futuro, ficando cada vez mais difícil adquirir bons hábitos;

- Desde o desempenho na escola até o caráter, crianças que esperaram vinte minutos a fim de receber um doce extra no teste do marshmallow demonstraram alta capacidade em várias coisas depois de adultas. Mas isso não significa necessariamente que elas tinham uma "grande força de vontade" já desde uma tenra idade;
- A força de vontade não é algo que diminui quando você simplesmente faz alguma coisa;
- A força de vontade é afetada pelas emoções e pelas perdas que a incerteza e a insegurança causam. Mesmo que você faça algo que exija força de vontade, não vai perdê-la enquanto estiver com a autoestima elevada;
- O cérebro humano tem um sistema frio lógico e um sistema quente emocional, que interagem entre si;
- O sistema quente pode ser controlado quando olhamos para as coisas diante de nós a partir de uma nova perspectiva, por exemplo, quando usamos a capacidade cognitiva do sistema frio para pensar em marshmallows como nuvens;
- Já que não podemos eliminar nossas emoções, nossa força de vontade será sempre instável. O sistema frio pode ser manipulado para aceitar mentiras deliberadas e desculpas convenientes;
- Pessoas com muita força de vontade nem estavam cientes de que estavam sendo tentadas;
- O tamanho da recompensa nos preocupa se temos que chamar nossa consciência;

- Hábitos são coisas que fazemos quase sem pensar. Para tornar algo um hábito, é necessário reduzir a emergência da nossa consciência.

capítulo 2

o que são hábitos?

Não há ser humano mais miserável do que aquele para quem nada é habitual além da indecisão, e para quem um simples ato de acender um cigarro, de tomar uma bebida, de decidir a que horas se levantar e a que horas ir para a cama todos os dias e de resolver quando começar cada parte do trabalho —, para quem um simples ato exige deliberação voluntária. Pois metade do tempo deste homem é gasto em decidir ou lamentar assuntos que deviam estar arraigados nele, assuntos que praticamente não deviam existir para sua consciência.

William James

Escrevi no final do capítulo 1 que os hábitos são coisas que fazemos quase sem pensar. Acredito que quando algo se torna um hábito em sua vida, você está o mais perto possível de agir sem pensar conscientemente naquilo. Em tal estado, não pensamos muito no que estamos fazendo, e não ficamos indecisos sobre que métodos devem ser usados. Isso porque preocupações, decisões e escolhas são assuntos com os quais lidamos com a mente consciente.

Segundo um estudo feito na Universidade Duke, 45% das nossas ações são hábitos, o resto são decisões que tomamos no momento. Uma questão vem à mente quando dizemos que deveríamos pensar de forma consciente para determinar a maioria das nossas ações, como se vamos comer curry ou lámen no almoço ou a que filme vamos assistir no fim de semana.

Agora, pense: se hábitos são "coisas que fazemos quase sem pensar, então 45% não corresponde a um percentual grande?

É certo que existem pessoas que não conseguem decidir a qual restaurante ir na hora do almoço, mas e o que dizer sobre aquelas que ficam pensando até no que vão pedir, e em que ordem, quando forem ao bar?

hábitos matinais

Vamos pensar sobre como agimos depois que nos levantamos de manhã. Saímos da cama, vamos ao banheiro e tomamos um banho. Tomamos o café da manhã, escovamos os dentes, nos vestimos, amarramos os sapatos e saímos de casa.

Todo mundo tem seu próprio conjunto de procedimentos. Nosso fluxo matinal não é como um ritual desde o momento em que acordamos?

Em geral, não pensamos em quanta pasta de dente colocar quando escovamos os dentes ou com qual dente começar, e não pensamos em como vamos amarrar os sapatos naquele dia. Como fazemos essas coisas sem pensar, não é fácil imaginar que existem pessoas que acham o ritual matinal difícil ou um esforço. Podemos dizer que essas coisas são hábitos da maioria dos adultos.

Mas para crianças pequenas essa série de ações logo pela manhã exige muito esforço. Elas não vão ao banheiro sozinhas, há obstáculos para escovar os dentes, para abotoar as roupas e para amarrar os sapatos, e superar tudo isso exige muita paciência. Elas podem exaurir sua força de vontade antes mesmo de sair de casa e acabar ficando amuadas na cama. Mas serão capazes de fazer essas coisas automaticamente depois de repeti-las várias vezes. Para a maioria dos adultos, estes são movimentos em grande parte subconscientes, e não conseguimos entender por que é tão difícil para as crianças fazê-los.

você consegue explicar cada toque que dá no seu smartphone?

Claro, há coisas que temos que aprender depois que crescemos. Ano passado, dirigi um carro pela primeira vez em dezoito anos, depois de ter tirado minha habilitação. No início, eu repassava cada ação na minha cabeça: prender o cinto de segurança, pisar no freio, virar a chave, soltar o freio de mão, mover a alavanca de "Park" para "Drive". Hoje, dirijo um carro mais complicado, de câmbio manual, mas minhas mãos e meus pés se movem sem que eu tenha que pensar em nada, e é difícil explicar cada ação que faço.

Antes de me acostumar a dirigir, precisava focar minha consciência, e qualquer pessoa que dirigia ouvindo música era um alienígena para mim. Mas agora consigo dirigir ouvindo o material de áudio que uso para estudar inglês.

Provavelmente, é o mesmo que acontece com quem anda de bicicleta. Mesmo que não dirija um carro, talvez seja difícil para essa pessoa explicar as etapas necessárias para andar de bicicleta ou dar dicas de como manter o equilíbrio. Eu me pergunto se as pessoas que estão sempre mexendo em seus smartphones são capazes de explicar, sem usar as mãos, como conseguem digitar tão rápido.

sonâmbulos que cozinham e dirigem

Quando criança, eu morria de medo de quebrar ovos — sempre ficava nervoso, como se estivesse lidando com algo incrivelmente precioso. Acho que minha consciência trabalhou em um grau considerável na primeira vez que fiz um ovo frito. Quanto óleo usar, qual a intensidade da chama do fogão. Agora, eu não tenho mais que procurar uma receita para fazer ovos fritos nem cozidos; minhas mãos se movem de forma automática.

Minha mãe sabe cozinhar muita coisa e ainda que estejamos no meio do jantar, se os vizinhos trouxerem algo para ela preparar, ela faz isso sem esforço nenhum. Ela não precisa procurar receitas em sites de culinária nem medir os temperos. Diz que decide o que vai cozinhar — e de que forma — no momento em que olha os ingredientes. Também diz que não acha que cozinhar seja algo "problemático". Já aqueles de nós que não cozinham com frequência acham "problemático" justamente porque pensam demais nas etapas, o que é prova da nossa consciência em ação. Minha mãe consegue cozinhar sem pensar duas vezes nisso; provavelmente, é por isso que não acha que seja problemático.

Às vezes, pacientes com sonambulismo cozinham e dirigem durante o sono profundo não REM, e não se lembram do que fizeram depois. Embora a parte do cérebro que monitora esses movimentos estivesse adormecida, a parte que dirige essas ações complicadas está funcionando. Em outras palavras, as pessoas conseguem fazer coisas complicadas mesmo que não estejam "cientes" disso.

Não acho que formigas tenham consciência cognitiva, mas elas cavam buracos, carregam areia e sempre trabalham duro. Formigas não precisam de livros sobre negócios. Elas conseguem trabalhar sem se basearem em coisas como motivação e entusiasmo.

a consciência é como um jornal

É possível fazer coisas complicadas sem consciência cognitiva. Por outro lado, essa consciência é o que, em geral, consideramos ser a nossa essência. Ela nos permite perceber o belo cenário que está à nossa frente, e faz com que nos importemos com as coisas que as pessoas nos dizem. Mas, afinal, o que é essa consciência cognitiva que as pessoas têm?

No livro *Incógnito: As vidas secretas do cérebro*, o neurocientista David Eagleman diz que a mente consciente é como um jornal.

Isto é o que acontece todos os dias em um determinado país: fábricas estão em funcionamento e empresas entregam seus produtos, a polícia persegue criminosos, médicos fazem cirurgias e namorados se encontram, a eletricidade segue pela fiação elétrica e o esgoto segue por canos subterrâneos. Mas as pessoas não têm capacidade nem vontade de saber sobre tudo o que está acontecendo no seu país. Portanto, é necessário resumir as coisas importantes, e é por isso que temos jornais.

Nas manchetes, você não espera encontrar a quantidade de grama que um número determinado de vacas comeu no dia anterior ou quantas milhares de vacas foram transportadas; só queremos saber se houve um aumento súbito na incidência da doença da vaca louca.

Não queremos saber quantas toneladas de lixo jogamos fora; só queremos saber se uma nova central de processamento de resíduos será implantada em nossa cidade.

Do mesmo modo, nossa mente consciente não quer processar todos os detalhes do que acontece nas sessenta trilhões de células do corpo ou as interações entre os nossos milhares de neurônios. Embora o cérebro processe onze milhões de bits de informação a cada segundo, estima-se que só cinquenta bits de informação sejam processados na nossa mente consciente. Como um repórter de jornal, o circuito neural do nosso cérebro reúne quantidades maciças de dados nos bastidores, a nossa mente subconsciente. E, assim como no jornal, só os resumos são entregues à nossa mente consciente.

que sapato você calçou primeiro hoje de manhã: o direito ou o esquerdo?

Sua consciência não é convocada quando você está repetindo a mesma ação de sempre, sem nenhum tipo de problema. É difícil corrigir hábitos simples como cruzar as pernas ou caminhar desleixado, porque essas atitudes ocorrem sem a interferência da nossa consciência.

Poucas pessoas conseguem se lembrar com clareza qual sapato calçaram primeiro pela manhã, se o direito ou o esquerdo. É porque a questão sobre qual sapato colocar primeiro não é determinada pela nossa mente consciente; em geral, isso já está decidido.

O neurocientista Yuji Ikegaya oferece um exemplo interessante: "Sempre podemos ver nosso nariz, mas não estamos conscientes disso". É verdade: nosso nariz sempre está no nosso campo de visão, e podemos vê-lo se desejarmos. Esse não é o tipo de notícia que estaria em um jornal.

momentos em que nossa mente consciente é convocada

Vamos imaginar uma situação em que nossa mente consciente seja convocada. Pense sobre quando você anda. Temos mais de duzentos ossos no corpo, mais de cem articulações e quatrocentos músculos, e cada uma dessas partes trabalha em coordenação com as outras.

É difícil fazer um robô andar porque você precisa elaborar um programa que ensine tudo a ele, desde como mover e posicionar cada parte da perna até como usar a sola dos pés para determinar a superfície do chão e fazer ajustes necessários.

Não precisamos ter um pensamento consciente sobre andar; podemos passear sem nos preocuparmos com isso. Ainda assim, nossa consciência será convocada se pisarmos em algo mole no meio do caminho. "O que era isso? Droga."

a manchete é: sua dor de barriga

Tenho certeza de que todo mundo teve dor de barriga uma vez na escola. Mesmo que tenha acontecido durante uma aula que você ficaria feliz de matar cochilando ou desenhando, a situação muda de repente. As seguintes mensagens serão entregues à sua mente consciente:

"Anormalidade no estômago. Possível dor de barriga."
"Confirmado: é dor de barriga. Será que é porque comi muito no almoço?"
"Ainda falta meia hora para acabar a aula. O que eu vou fazer?"
"Trégua na dor, finalmente momentos de paz."

Muitas notícias são entregues — nossa mente consciente é convocada com frequência —, por isso sentimos que não conseguimos nos concentrar e que o tempo parece durar uma eternidade. Assim como as manchetes dos jornais só noticiam grandes acontecimentos, nossa consciência só é convocada quando algo diferente acontece.

as pessoas têm livre-arbítrio?

> Embora possam estar cientes de suas ações,
> as pessoas ignoram as causas a partir das quais
> essas ações foram determinadas.
> Baruch Espinoza

Certamente, a consciência é o que lidera nossa mente. Ela considera coisas e determina nossas ações. Mas a maioria das ações do dia a dia não é feita segundo as ordens dos nossos líderes, mas pelas pessoas comuns, segundo sua própria iniciativa.

Você está fazendo algo e se sente cansado. Sem perceber, você alonga o corpo. Você não pensa: "Ok, vou erguer os braços pra cima e me alongar". Não é o líder que decide que você vai se alongar.

Um experimento realizado na década de 1980 pelo psicólogo Benjamin Libet mostra como a consciência não é confiável. As pessoas que participaram do experimento moviam os dedos (ou os punhos) sempre que queriam, e eram feitos registros da atividade cerebral delas para determinar:

1. O momento da decisão de mover os dedos;
2. O momento em que a ordem para mover os dedos é disparada pelo cérebro;
3. O momento em que os dedos realmente se mexem.

Os resultados? Surpreendentemente, a sequência de eventos foi 2 - 1 - 3. A ordem do cérebro para mover os dedos acontece 0,35 segundos antes de as pessoas pensarem que tinham tomado a decisão. O cérebro preparou o movimento dos dedos antes que os sujeitos decidissem fazer isso.

Este experimento tinha o objetivo de desmentir a ideia de livre-arbítrio. Mas as ações não ocorrem do nada; deve haver um tipo de atividade cerebral antes da ação.

quem é o DJ que escolhe a música?

E quanto a cantar? Cantar é diferente de escolher uma música em uma jukebox ou no karaokê. Na jukebox, você escolhe conscientemente qual música quer escutar; e no karaokê, qual quer cantar. Duvido que alguém pense: "Que música vou cantar?" antes de cantarolar uma melodia que surge na mente de forma natural.

Às vezes, as músicas que canto são aquelas que ouvi no supermercado; não estou nem um pouco interessado em cantá-las. São canções que o DJ do meu inconsciente resolveu escolher.

Pense no nosso intestino. Há mais de cem milhões de células nervosas nele, que são conectadas ao nosso cérebro por meio do nervo vago. Mas, mesmo se o nervo vago fosse interrompido, o intestino ainda tomaria suas próprias decisões. Por isso, nossas entranhas são muitas vezes chamadas de "segundo cérebro". Dá para imaginar seu intestino como sendo o segundo no comando do seu corpo?

nossas ações são determinadas por algo parecido com um sistema parlamentarista

> Dizem que a democracia é a pior forma de governo, à exceção de todas as demais.
> Winston Churchill

As ações inconscientes são determinadas caso a caso, mas não por uma monarquia absoluta. Podemos pensar nelas como um sistema parlamentarista.

Vamos pegar como exemplo levantar de manhã. O despertador toca em um momento que você decidiu com antecedência. Mas, quando o alarme para de tocar o assunto não está encerrado; na verdade, é um sinal de que o parlamento está prestes a se reunir.

Políticos de várias partes do seu corpo se reúnem, e a sessão tem início. Sua lombar está desperta, e você sente uma dorzinha ali. Por causa disso, os políticos da região lombar dizem, mal-humorados: "Devíamos continuar dormindo". Você também comeu muito na noite passada. Os políticos das suas entranhas falam: "Nos deixem digerir devagar".

É hora de votar, e a maioria vota para "dormir mais um pouco". Você aperta o botão da soneca — a decisão de dormir por mais cinco minutos foi tomada. Mais votações acontecem a cada cinco minutos, até que as partes de você que querem tomar um belo café da manhã, ou que querem chegar no trabalho na hora, aos poucos se tornam mais persuasivas. E, por fim, apesar de todo o rebuliço, você sai da cama.

quando uma ação inconsciente se torna um hábito

Assim que levantar cedo se torna um hábito, os movimentos envolvidos na ação de "levantar imediatamente" são aprovados em um curto período de tempo, com maioria de votação, apesar de uma pequena oposição.

É importante entender que o parlamento ainda será convocado, mesmo que você faça tudo corretamenta para se preparar para tomar uma boa decisão, e opiniões contrárias não deixarão de ser apresentadas. Faço questão de dormir horas suficientes, mas há vezes em que me levanto me sentindo bem, e outras, não.

Quando não quero levantar, sempre penso a mesma coisa: "Talvez eu esteja com fadiga acumulada". Tenho esse pensamento constantemente e, às vezes, me pergunto se posso acreditar na ideia de que é hora de começar meu dia, mesmo que esse pensamento também esteja vindo de mim.

Mas, se não sou capaz de transformar o fato de acordar cedo em um hábito, sei que tampouco serei capaz de manter algum dos meus outros hábitos, e sei que vou me sentir mal. E também lembro a mim mesmo que, assim que me levantar e fizer um pouco de ioga, estarei desperto em poucos minutos, mesmo que estivesse me sentindo cansado no momento em que o alarme tocou. Como já repeti este debate interno várias e várias vezes, o resultado é sempre mais ou menos o mesmo. Então, meu sistema parlamentarista interino não tem que continuar repetindo a votação.

não somos nossos reis

Como vimos até agora, muitas coisas que as pessoas fazem não são guiadas por sua consciência. Mas é nossa consciência que se sente responsável quando não fazemos algo que supostamente devíamos ter feito. É fácil concluir que é por causa da "pouca força de vontade" da pessoa, e que, se ela não consegue fazer dieta ou parar de fumar ou de beber, isso é uma questão que ela tem que resolver com sua própria consciência.

Mas isso nada mais é do uma demonstração de excesso de confiança na nossa consciência e na nossa força de vontade, baseada na compreensão equivocada de que a consciência de uma pessoa controla significativamente suas ações.

O que devemos ter em mente, antes de mais nada, é que a nossa consciência e a força de vontade não são as causas por trás das nossas ações. Infelizmente, não somos nossos próprios reis. Temos que reconhecer esse fato com calma.

tornar-se uma criatura de hábitos

No outono, os esquilos tentam garantir comida suficiente para o inverno. Mas eles não pensam de forma consciente "O inverno está quase aí, então é melhor eu garantir bastante comida"; nem fazem planos detalhados. O cérebro dos esquilos evoluiu para que, quando a luz do sol que entra em seu campo de visão diminui de intensidade, um programa seja ativado e eles sejam instruídos a começar a estocar comida.

Haruki Murakami disse que sua filosofia de vida é fazer de si mesmo uma "criatura de hábitos". Formar um hábito é mudar a parte de si que é um animal — a parte que é governada pelo seu inconsciente. A questão não está na sua mente consciente, mas na intensidade da luz do sol em seu campo de visão. Para mudar seus hábitos, você precisa identificar melhor a real fonte que governa suas ações.

Vamos dar uma olhada em como nossas ações se transformam em hábitos, que é exatamente o processo pelo qual nossa consciência deixa de ocupar a posição de rei na qual a colocamos.

formar hábitos sem pensar

Para aprender a andar de bicicleta sem pensar, precisamos aprender como usar nosso corpo. Primeiro, temos que controlar nossos movimentos usando a consciência, mas depois conseguimos guiar a bicicleta sem pensar. Que mudança ocorre no cérebro quando isso acontece?

Um experimento feito no MIT (sigla em inglês para Instituto de Tecnologia de Massachusetts) durante a década de 1990 pode servir como referência. Dispositivos foram implantados em ratos para estudar a atividade cerebral deles.

Os ratos eram colocados na entrada de um labirinto em forma de T, onde havia um pouco de chocolate na haste esquerda. Um som de clique era feito como indicativo e, no momento em que as barreiras eram removidas, os ratos tinham que tentar descobrir a fonte do cheiro doce.

No início, demorou um pouco, eles iam para frente e para trás e continuavam virando na direção contrária. Conforme eles erravam e tentavam de novo, a parte do cérebro do rato chamada gânglio basal começou a entrar em atividade.

Depois que o experimento foi repetido centenas de vezes, os ratos pararam de se perder e levavam menos tempo para conseguir alcançar seu objetivo. Eles ficaram muito bons em encontrar o chocolate, mas sua atividade cerebral diminuiu, ou seja, eles "pensavam" cada vez menos.

Dois ou três dias depois do início do experimento, eles arranhavam as paredes, farejavam o ar e então paravam de reunir informações; já sabiam o suficiente. Depois de uma semana, a atividade na parte do cérebro associada à memória também tinha diminuído. No fim, os ratos conseguiam encontrar o chocolate sem pensar. A ação se tornou um hábito.

os três elementos de um hábito

Segundo Charles Duhigg, autor de O poder do hábito, os hábitos são formados pelos três elementos a seguir:

- *Gatilho*. O cérebro dos ratos ficava mais ativo quando eles ouviam o som das barreiras sendo removidas e quando, em algum momento, encontravam o chocolate. O gatilho comunica qual "modo" usar — no caso dos ratos, o som do clique;
- *Rotina*. Um gatilho leva a um conjunto predeterminado de ações, uma rotina. No caso dos ratos, a rotina era virar à esquerda na curva, sem hesitar, assim que o labirinto era aberto, e deste modo achar o chocolate. A rotina foi desenvolvida por meio de tentativas e erros e armazenada no cérebro dos

ratos. E se tornou uma série de ações que, depois de um tempo, podia ser realizada quase sem pensar;
• *Recompensa*. O cérebro determina se uma série de ações deve ser armazenada como rotina baseada na recompensa. Como vimos no capítulo 1, uma recompensa é algo que nos traz alegria e felicidade, é algo que faz com que nos sintamos bem.

Para os ratos, é inteligente fazer as mesmas ações que resultam em encontrar o chocolate. É por isso que o cérebro deles armazenou o caminho até o doce.

tornar algo um hábito é fazer uma mudança real no seu cérebro

Voltamos a um restaurante se a comida é boa, e nunca mais aparecemos por lá se for ruim. Repetidas vezes tentamos experimentar emoções como felicidade e alegria ao fazermos alguma coisa. Esse sistema de recompensa, que é ativado por intermédio da dopamina, é um circuito antigo, e funciona do mesmo jeito em ratos e humanos.

Quando realizamos ações como comer, transar ou interagir com amigos, experimentamos sensações agradáveis. E quanto mais repetimos essas ações, mais forte se torna a ligação entre a ação e a sensação de prazer. As espinhas dendríticas, estruturas que permitem que as células nervosas troquem sinais entre si, vão realmente aumentar de tamanho quando receberem sinais de forma repetida.

Tornar algo um hábito é completamente diferente de aprender algo usando nossa consciência, como se ouvíssemos uma palestra ou participássemos de um seminário. Significa praticar algo repetidamente e reescrever as células nervosas do cérebro.

meus gatilhos: ioga e diário

Vamos dar uma olhada mais detalhada em cada elemento de um hábito.

Primeiro, temos o gatilho. O conceito geral deve ser familiar para todo mundo — por exemplo, é comum usar um despertador como gatilho para levantar de manhã. O que faço a seguir é ioga. Coloco meu tapete de ioga no chão antes de ir para a cama, então é a primeira coisa que vejo quando acordo no dia seguinte. Isso se tornou um gatilho, e sou estimulado a fazer ioga assim que me levanto.

Também faço café, logo após o desjejum. Beber café é meu gatilho para começar a escrever no meu diário. Quando tomei café durante a tarde, fiquei com vontade de escrever no diário, porque café está conectado com meu hábito matinal de escrever.

No livro *Princípios de psicologia*, William James conta a seguinte história: um veterano de guerra costuma carregar sua refeição com as duas mãos. Outro homem, em tom de brincadeira, diz: "Sentido", e o veterano rapidamente se coloca em posição de sentido, derrubando a carne com batatas que estava carregando. O hábito teve mais força que sua consciência da coisa que estava levando.

pequenos gatilhos podem criar pessoas talentosas

Há momentos em que um pequeno gatilho serve como o início da criação de um gênio.

Mayu Yamaguchi, formada na Faculdade de Direito da Universidade de Tóquio, trabalhou como funcionária no Ministério das Finanças e se tornou advogada, completando a formação em Direito na Universidade Harvard. Ela conseguiu se qualificar para atuar como advogada no estado de Nova York, e diz que agora deseja se tornar professora universitária de Direito.

Não importa o quanto eu olhe para isso, só consigo imaginar, a partir desta incrível história pessoal, que quase me causa inveja, que ela tem que ser um gênio. Mas Yamaguchi diz o que todo gênio diz: "Não sou um gênio, só me esforcei".

Seus estudos começam quando ela olha para sua escrivaninha. Este é um hábito que Yamaguchi mantém desde a infância. Ela se levantava de manhã, abria as cortinas do quarto e deixava a luz do sol entrar. Depois, olhava para sua escrivaninha, se sentava lá e lia um livro — qualquer livro —, por cerca de dez minutos, até que sua mãe avisasse que o café da manhã estava pronto.

Yamaguchi diz que esta rotina sempre a ajudou a remover qualquer sensação de resistência que pudesse ter contra se sentar na escrivaninha durante o dia. Mais tarde, quando voltava da escola, ela comia um lanche e retomava os estudos novamente, começando com o hábito de olhar para a escrivaninha.

Durante o ensino médio e a faculdade, todas as manhãs, no mesmo horário, ela se banhava com a luz do sol e olhava para a escrivaninha antes de ir para o trabalho. Este hábito, que começou como um pequeno gatilho, criou um gênio.

gatilhos para hábitos que você quer perder

Infelizmente, os hábitos que você deseja abandonar funcionam exatamente do mesmo jeito. Eu queria parar de beber, e foi muito difícil fazer isso.

Um motivo para a dificuldade é que eu tinha vários "motivos" que serviam como gatilho. Por exemplo, eu gostava de pedir lámen com tempurá para comer à tarde, e sempre que fazia isso pedia também uma garrafa de cerveja. A mesma coisa acontecia com comidas gordurosas como guioza e frango frito, por exemplo. Vários outros itens também tinham que ser acompanhados de cerveja.

Charles Duhigg resume cinco tipos de gatilhos, e vou dar exemplos que nos fazem querer beber.
- Localização (uma loja de conveniência perto de casa; a recepção do casamento de um amigo);
- Tempo (quando você encerra seu dia de trabalho; tardes de domingo);
- Estado emocional (estresse causado por ter que trabalhar além do expediente; sentir-se mal depois de cometer um erro);
- Outras pessoas (um encontro com uma bela moça; uma reunião com pessoas que você não vê há tempos);
- Um acontecimento precedente (suar depois de fazer exercícios físicos; mergulhar em uma fonte termal convidativa).

Vamos analisar isso em detalhe no capítulo 3, mas, primeiro, é importante identificar quais são os gatilhos de um hábito que você deseja abandonar, para só depois estabelecer novos gatilhos para um hábito que você queira adquirir em sua vida.

rotinas que se interligam como uma corrente

> Não faço coisas especiais com o propósito de fazer algo especial. Faço coisas ordinárias, cotidianas, a fim de fazer algo especial.
> Ichiro

Rotinas são fáceis de entender. São um conjunto de ações que começam com um gatilho. Escovar os dentes antes de ir para a cama, usar um secador de cabelo depois de tomar banho — essas são ações frequentes na nossa vida cotidiana.

Quando vou para a academia, meu gatilho inicial é a vontade de mover o corpo. Como sempre, preparo minhas roupas de ginástica e minha garrafa de água. O caminho até a academia e o jeito de destrancar meu armário estão arraigados em mim. Meu programa é definido entre musculação e corrida, e o mesmo vale para tomar um banho depois dos exercícios e para lavar as roupas de ginástica.

Uma rotina serve como gatilho para começar a seguinte. Embora ir para a academia e fazer exercícios sejam ações complicadas, é possível considerá-las como uma na série de ações nas quais gatilhos e rotinas estão interligados como uma corrente. O mesmo vale para os rituais matutinos de todo mundo.

as rotinas ajustam a sintonia da mente

O bom das rotinas é que você pode mudar de humor simplesmente fazendo o que sempre faz. Rotinas funcionam como um sintonizador.

Por exemplo, Haruki Murakami diz que, embora corra uma hora todos os dias, ele corre um pouco mais quando recebe uma crítica indesejada ou sente a rejeição de alguém. Eu também corro todos os dias, e mais ainda quando algo ruim acontece, porque tenho a sensação de que meu humor muda depois que ajo assim.

A essência do problema não é o problema em si; é uma questão do meu humor, ou seja, o modo como vejo o problema. Já vimos que as emoções afetam a força de vontade. Ao cumprir sua rotina, suas emoções negativas serão eliminadas, e sua força de vontade será recuperada.

Quando perguntado sobre como supera dificuldades, Ichiro diz que faz o que faz todos os dias, do mesmo jeito de sempre. Ele explica: "É difícil sintonizar a mente, mas, quando faço as mesmas coisas, depois de um tempo ela me alcança. É uma técnica para épocas em que minha mente não está tão proativa".

Você pode sintonizar sua mente usando seu corpo do mesmo jeito de sempre. Sua respiração acelera quando você sente que quer alguma coisa, como quando está prestes a comprar alguma peça de roupa por impulso. Então, o desejo diminui quando você respira devagar de forma intencional. É possível fazer isso para se acalmar com mais facilidade quando já tem o hábito de meditar.

O jogador de rúgbi Ayumu Goromaru faz um sinal com os dedos antes de chutar a bola, e Yuzuru Hanyu faz o sinal da cruz antes de entrar na pista de patinação. É provável que eles tenham que recuperar a calma antes de realizarem algum lance ou então uma manobra arriscada.

Cumprir uma rotina permite que você retorne ao estado psicológico habitual e relaxado, e atinja os resultados para os quais está praticando. É por isso que atletas confiam em rotinas.

recompensas que são difíceis de se imaginar

— Isso é... um narcótico.
— ... Um narcótico?
— Sim. Assim que você se estatelar em uma parede de pedra ou em uma montanha e inalar isso,
sua vida cotidiana vai parecer sem graça.
The Summit of the Gods

O terceiro elemento dos hábitos, a recompensa, por incrível que pareça, é a mais difícil de entender por completo. As pessoas tentam fazer uma coisa repetidas vezes para buscar uma recompensa.

- Comer algo gostoso;
- Interagir com amigos;
- Fazer sexo com quem se ama;
- Ganhar dinheiro;
- Conseguir "likes" nas redes sociais.

É fácil entender essas recompensas e as ações para obtê-las. Mas há algumas ações que fazem com que nos perguntemos por que uma pessoa faria algo assim.

a recompensa de escrever na Wikipédia

Quando falamos sobre recompensas, não podemos deixar de pensar em dinheiro, mas é bom saber que dinheiro não é tudo.

Por exemplo, ninguém recebe nenhum centavo para escrever no site da Wikipédia. Soube que um autor chamado Norimaki passou seis meses escrevendo um artigo sobre Kobayashi Issa, um escritor e poeta japonês. O ato é considerado uma quantidade muito grande de trabalho. Norimaki diz que na Wikipédia você pode pesquisar com avidez algo que o intriga e explorar este interesse o tanto quanto quiser.

Você pode satisfazer sua curiosidade e apresentá-la em um lugar onde outras muitas pessoas terão acesso. Isso deve ser um tipo de recompensa que motiva os autores da Wikipédia. Do mesmo jeito, outros tipos de autores vão compartilhar seus trabalhos entre si, e diversos "encontros" são organizados para pessoas que possuem os mesmos passatempos. Encontrar uma comunidade com interesses similares também é um tipo de recompensa.

Certa vez, a Microsoft contratou um administrador caro, reuniu escritores profissionais e tentou criar um dicionário. Dinheiro era a recompensa. Mas não chegou nem perto da potência da energia que as pessoas eram capazes de produzir quando agiam por conta própria. Mesmo quando não há dinheiro envolvido, as pessoas podem experimentar vários tipos de recompensas.

que tipo de recompensa você tem com um exercício intenso?

Muitas formas de recompensa são difíceis de imaginar. Antigamente, eu costumava ver pessoas correndo sob o sol escaldante do verão e pensar: "Qual é a graça de fazer algo assim?".

Embora eu tenha feito parte do time de basquete no colégio, pelo qual me esforçava e não perdia nenhum dia de treino, parei de me exercitar depois que virei adulto. Pensava comigo mesmo: "Não sei qual é a graça de correr".

Agora corro maratonas novamente e, às vezes, as pessoas comentam: "Não entendo por que você faz algo assim". Para aqueles que não têm o hábito de correr, só pensar nisso já causa sofrimento. Mas, se recompensas são necessárias para adquirir um hábito, então também deve haver alguma recompensa na dor que a corrida causa.

correr realmente libera endorfina?

Os neurotransmissores chamados endorfinas são usados, em geral, para explicar as recompensas da corrida. As endorfinas têm um efeito analgésico, como a morfina, então podem controlar a dor causada ao correr e trazer uma experiência de euforia — é o que chamamos de "barato do corredor".

O neurocientista Gregory Berns questiona esta explicação.

Em um estudo, betaendorfinas de verdade só aumentaram em 50% nas pessoas que realizaram exercícios extenuantes. Mesmo entre corredores, há poucos que realmente experimentam o "barato do corredor" e, mesmo assim, não é sempre que correm que isso acontece. Berns acredita que as endorfinas não causam euforia, elas são, na verdade, algum tipo de subproduto.

as funções positivas dos hormônios do estresse

Então, qual é a recompensa por correr?

Berns acredita que a resposta esteja no cortisol, o hormônio do estresse. Imaginamos que os hormônios do estresse são sempre os vilões, mas, assim como a dopamina, o cortisol também tem uma função complexa no organismo.

É assim que Berns explica: o cortisol é gerado em quantidades particularmente altas quando há estresse físico, ele levanta nosso astral, impulsiona nossa concentração e pode, dependendo da situação, melhorar nosso poder de memorizar as coisas. Mas esses efeitos só estão presentes quando é secretada uma quantidade diária de 20 a 40 mg; mais do que isso pode causar incerteza ou sintomas do que chamamos de estresse.

Só a quantidade exata de cortisol vai interagir com a dopamina e causar uma forte sensação de satisfação, ou mesmo um nível transcendental de euforia. Na verdade, Berns administrou nele mesmo a quantidade apropriada de cortisol e relatou euforia e felicidade. Concluiu que a dopamina sozinha não é suficiente. Combiná-la com o cortisol que é secretado em um nível moderado de estresse permite que a pessoa sinta uma poderosa sensação de satisfação.

No meu caso, depois de correr por cerca de dez minutos, já me sinto diferente; só de me mover, meu corpo se torna uma alegria em si mesmo.

Como é mais conveniente para os organismos vivos conservarem calorias a fim de sobreviver, é muito provável que nós, humanos, queiramos pegar leve. Mas, em determinado ponto, depois que começo a correr, tenho a sensação de que estou ligado em um modo diferente.

Minhas preocupações e tensões somem, começo a me sentir completamente energizado e mais cheio de entusiasmo e confiança do que no dia a dia. Claro que é difícil ficar sem fôlego, mas o estresse físico apropriado prolonga meu sentimento de satisfação por um tempo após a corrida.

Não teríamos que nos dar ao trabalho de fazer esforço físico, como correr, se só precisássemos liberar dopamina para experimentar euforia. Há várias outras maneiras de liberar dopamina, como comer algo saboroso. Mas, quando falamos sobre uma sensação verdadeiramente poderosa de satisfação, é necessário uma quantidade apropriada de dor e de um pouco de estresse.

os motivos pelos quais Bill Gates e Jeff Bezos trabalham

Bill Gates e Jeff Bezos não precisam trabalhar — ambos têm riqueza suficiente para ficarem deitados em uma praia ou em um resort até morrerem, e mesmo assim, não escolhem fazer isso. Talvez seja porque eles não conseguem sentir uma sensação poderosa de satisfação se só fizerem coisas divertidas.

Certa vez, fui abandonado por uma namorada, que disse a seguinte frase para mim: "Ei, parece que a gente só faz coisas divertidas". Eu achava que conseguia ter ótimas ideias de encontros, para que ela pudesse se divertir enquanto estivesse comigo. Então, quando ela me falou isso, pensei: "Oi? Não sei do que você está falando". Mas acho que agora entendo o que ela quis dizer.

É provável que nosso sentido de satisfação também se torne mais forte nos relacionamentos interpessoais quando estamos sob estresse. Os dramas são interessantes porque têm altos e baixos e um clímax. O roteiro que eu tinha escrito era bem ruim, pois só coisas divertidas aconteciam.

Mas me desviei do assunto; há mais recompensas por se exercitar. Por exemplo: todo mundo já deve ter passado pela experiência de ter uma ideia não enquanto estava sentado na escrivaninha, pensando, mas enquanto caminhava ou fazia qualquer tipo de exercício.

O livro *O segredo dos grandes artistas*, de Mason Currey, é uma introdução aos hábitos diários de pessoas criativas, como escritores e músicos, e muitos deles — dá até para dizer que a maioria deles — têm uma rotina diária que inclui fazer caminhada.

Ao escrever este livro, por exemplo, várias das minhas ideias surgiram em minha mente enquanto eu estava correndo. Os exercícios nos permitem despertar um tipo de criatividade que é diferente daquela que experimentamos enquanto estamos sentados diante de uma mesa.

exercícios aeróbicos desenvolvem nossos neurônios

Em *Corpo ativo, mente desperta: A nova ciência do exercício físico e do cérebro*, John Ratey diz abertamente que os exercícios físicos fazem com que nos sintamos renovados e mais dispostos porque, quando conseguimos fazer nosso sangue ser bombeado, o cérebro funciona melhor.

É isso o que Ratey, professor de psiquiatria da Faculdade de Medicina de Harvard, diz do exercício que descreve como benéfico para o cérebro. Além dos neurotransmissores, há um grupo de proteínas no cérebro chamado fator neurotrófico derivado do cérebro (BDNF, sigla em inglês), que aumenta com a prática de exercícios aeróbicos.

Quando o BDNF é liberado nos neurônios, novos galhos brotam: os neurônios são como árvores que têm sinapses na ponta dos galhos, em vez de folhas. As sinapses tendem a aumentar no momento em que novos galhos são formados, tornando a conexão entre eles ainda mais forte.

Ratey traça um paralelo ao dizer que o BDNF é o fertilizante do cérebro.

uma escola em que o desempenho do aluno melhora com exercício

Uma estratégia tradicional para melhorar nossas notas é aumentar consideravelmente o tempo destinado ao estudo com livros e cadernos de exercícios. Mas isso não é uma atitude tão simples de ser incorporada em nossa vida real — e, às vezes, praticar atividade física pode ajudar.

Em 2003, uma escola em Naperville, Illinois, lançou uma iniciativa chamada "Exercícios físicos da hora zero". Seus dezenove mil alunos corriam na quadra ou se exercitavam em bicicletas ergométricas antes de assistirem à primeira aula.

Os resultados foram tremendos. Enquanto alunos que só participaram das aulas normais de educação física melhoraram 10,7% em leitura e compreensão de textos, aqueles que participaram da iniciativa mostraram uma melhora de 17%.

Os alunos em Naperville fizeram testes de matemática e ciências chamados TIMSS (*Trends in International Mathematics and Science Study*, Tendências Internacionais em Matemática e Estudos de Ciências) e ficaram na sexta posição mundial em matemática e na primeira no mundo em ciências (o desempenho médio dos alunos estadunidenses ocupou o 18º lugar em ciências e o 19º em matemática).

Fazer exercícios antes de começar as aulas aumentava os efeitos dos estudos, e o desempenho dos estudantes melhorava.

Em um estudo de 2007, feito por um grupo de pesquisadores alemães, os participantes foram capazes de aprender o vocabulário local 20% mais rápido depois que se exercitavam, revelando as correlações entre eficiência de aprendizado e valores de BDNF.

Recompensas são necessárias para os hábitos. Pessoas que se exercitam muito, em geral, são consideradas muito autodisciplinadas. Mas essas pessoas não se abstêm de receber as recompensas. Elas só recebem recompensas que são muito maiores do que compensações financeiras.

hábitos são como outros vícios

Não importa o quanto eu escreva sobre o assunto, acho que provavelmente é difícil para pessoas que não têm o hábito de se exercitar perceberem o quanto o esforço vale a pena.

Uma recompensa que você só consegue entender depois que o hábito foi adquirido é como dar uma cerveja para alguém que nunca experimentou essa bebida antes. O gosto refrescante de uma cerveja gelada em um dia quente e a sensação boa de ficar levemente embriagado não podem ser descritos com palavras, não importa o quanto você tente explicar.

Nunca joguei em um caça-níqueis, então não consigo entender a euforia do apostador ao ganhar o prêmio.

Para alguém que não fuma, é difícil imaginar a graça de gastar um monte de dinheiro para inalar e exalar uma fumaça que causa dor de cabeça. Cerveja, apostas, cigarros — mesmo que goste de todas essas coisas, você provavelmente não compreende muito bem por que um viciado em cocaína fica excitado só de ver o pó branco.

Ações como se exercitar e usar drogas não são muito diferentes em termos de estrutura. As pessoas vão repetir as mesmas ações em busca de recompensas. Esse elemento essencial não diminui, e acho que o processo funciona como um vício.

As pessoas acham difícil imaginar que outras têm recompensas diferentes daquelas que elas mesmas recebem. É por isso que quem corre parece, para quem não corre, estar perdendo o juízo.

Adquirir um hábito é parecido com aprender a gostar de cerveja: é amargo só no começo. Você aguenta o amargor no início e continua experimentando, até que, um dia, aquela se torna sua bebida favorita.

Adquirir um hábito não está relacionado a aumentar sua força de vontade para conseguir superar a tentação. Está relacionado a reescrever as "recompensas" e as "punições"; a causar uma mudança no cérebro ao fazer uma ação repetidas vezes.

dicas para bons hábitos: como desviar os olhos dos marshmallows?

No capítulo 1, ofereci uma introdução para o teste do marshmallow. O que aconteceria se, em vez de fazer o teste apenas uma vez, as pessoas o fizessem repetidas vezes?

Na primeira vez, a recompensa de dois marshmallows em vinte minutos é abstrata demais para realmente fazer sentido na sua mente. E resistir ao marshmallow à sua frente durante esse tempo é doloroso se você ainda não passou por isso.

Mas, ao fazer o teste algumas vezes, você vai adquirir a habilidade de pensar em coisas divertidas para desviar sua atenção do marshmallow, ou vai imaginar que ele não é real. E se você conseguir dois marshmallows depois de esperar vinte minutos repetidas vezes, vai começar a ter um senso real da recompensa.

Entre as crianças que conseguiram obter dois marshmallows estavam algumas que não os comiam na mesma hora. Elas queriam levá-los para casa e que suas mães a elogiassem pelo grande feito que tinham realizado. Na verdade, as crianças queriam uma recompensa que era maior do que comer dois marshmallows.

É isso o que significa adquirir um hábito bom. Não quer dizer que as coisas sedutoras diante de você vão desaparecer automaticamente. Mas, quando você continua obtendo grandes recompensas no futuro, a recompensa imediata vai começar a parecer enfadonha e menos atrativa.

É verdade que a força de vontade é necessária quando você tenta adquirir um novo hábito. Não é fácil, e não há método mágico para isso. Mas, assim que isso acontecer, você será capaz de manter o hábito porque certamente haverá uma grande recompensa o aguardando.

No próximo capítulo, dividirei o método para transformar algo em hábito em cinquenta passos e detalhar cada um deles.

Não dá para superar o marshmallow que está diante de você sem uma estratégia. O truque para adquirir um hábito é desviar os olhos do doce de todos os modos possíveis até você ter a sensação de que ganhou uma grande recompensa.

resumo do capítulo 2

- 45% das ações que as pessoas executam ao longo do dia são hábitos;

- Ações como escovar os dentes, abotoar a camisa e amarrar os sapatos, que são difíceis para crianças, tornam-se coisas que fazemos de forma inconsciente quando as repetimos;
- Ações mais complexas, tais como dirigir um carro ou então cozinhar, também podem se tornar automáticas;
- Nossa mente consciente só é convocada quando um problema nos atinge, e nossas ações na vida, em geral, seguem como se estivessem no piloto automático;
- Mesmo quando um problema com o qual você precisa se preocupar aparece, como ter que levantar em determinado horário pela manhã, sua mente consciente não toma uma decisão para você seguir — em vez disso, ocorre uma discussão na sua mente inconsciente, assim como em um parlamento. Rejeições e aprovações acontecem, dependendo da situação, e não dá para dizer — enquanto sua consciência não for convocada — qual será a decisão tomada;
- Como demonstrado em um experimento usando ratos, o cérebro para gradualmente de pensar quando a mesma ação é realizada repetidas vezes, em busca de uma recompensa;
- Hábitos são *rotinas* ativadas por *gatilhos* e ocorrem quando você busca *recompensas*;
- Tornar algo um hábito em sua vida significa que você está reescrevendo uma recompensa. Embora

haja grandes recompensas, como a sensação de satisfação ou até de euforia ao fazermos exercícios extenuantes, não é possível ter noção dessa grande recompensa a menos que você a vivencie várias vezes;

• Transformar algo em um hábito é como fazer o teste do marshmallow repetidas vezes. Se obtiver dois marshmallows em várias ocasiões, você vai começar a sentir de maneira mais forte que a recompensa futura é tão grande que a opção mais fácil, a recompensa no presente, não vale a pena ser considerada;

• O jeito de transformar algo em um hábito é usar todos os meios disponíveis para continuar a desviar os olhos do marshmallow que foi colocado diante de você.

capítulo 3

50 passos para adquirir novos hábitos

passo 1: corte laços com círculos viciosos

> Para tingir uma roupa suja, é necessário primeiro lavá-la.
>
> *Um ensinamento da Ayurveda*

Como visto no capítulo 1, você perderá sua força de vontade se ceder para emoções negativas como a incerteza ou a insegurança. Quando isso acontece, o cérebro faz uma ação instintiva e lhe diz para tentar agarrar a recompensa imediata. Como resultado, você pode comer ou beber muito, ou perder a motivação para fazer qualquer coisa e terminar se distraindo com seu smartphone. Então, mais tarde, você vai lamentar essas ações e ficar mais estressado.

Para piorar ainda mais, quando você está exposto a esse tipo de estresse por períodos prolongados, as funções cognitivas do seu sistema frio — que devia controlar as ações instintivas — vão se deteriorar. E a deterioração das suas funções cognitivas vai fazer com que você não seja mais capaz de enxergar a realidade a partir de uma perspectiva diferente — por exemplo, você não será capaz de imaginar que o marshmallow na sua frente é falso ou que é apenas uma nuvem. Dessa forma, você fica ainda mais inclinado a pegar a recompensa imediata.

Não vai demorar muito para você começar a sofrer de "desamparo aprendido". Um cão que continua a ser atingido por uma cerca elétrica inevitavelmente vai continuar a aceitá-la, mesmo quando for possível saltá-la e conseguir evitar o choque. Isso porque o cão diz a si mesmo que, o que quer que aconteça, tentar evitar o choque é inútil. Infelizmente, essas estruturas de círculos viciosos também existem para nós humanos. Para adquirir bons hábitos, é necessário cortar laços com esses círculos.

inibidor de bons hábitos: acreditar que um mau hábito é necessário para aliviar o estresse

Em geral, é fácil convencer a si mesmo de que alguns maus hábitos, como comer ou beber em excesso, são necessários para aliviar o estresse. Lembre-se: é mais provável que você escolha a recompensa imediata se estiver desanimado ou estressado. O estresse do trabalho ou da vida familiar é inevitável; o elemento-chave é diferenciar o estresse em si do estresse adicional que você sente por causa das ações que realiza para aliviar o estresse.

Há uma citação de O pequeno príncipe que diz algo assim: "Bebo para esquecer que tenho vergonha de beber". Do mesmo modo, quando as pessoas sentem insegurança em relação às suas finanças, frequentemente, vão às compras como válvula de escape para essas incertezas. Quando estão inseguras, tomam atitudes que geram ainda mais insegurança. Mas, como diz a escritora Gretchen Rubin, não podemos fazer algo que nos fará sentir ainda piores apenas para conseguir lidar com alguma coisa.

as dicas para criar um hábito ou para se desfazer de um são completamente opostas

Seja ele bom ou mau para a sua vida, o hábito é construído a partir da mesma estrutura. Então, para se livrar de um hábito que você tem agora, é necessário fazer exatamente o oposto das dicas aqui colocadas para adquirir um hábito.

Por exemplo: o passo 13 deste livro é reduzir os obstáculos, então a dica para acabar com um mau hábito seria aumentar os obstáculos. Seguirei com alguns pontos que devem ser considerados se você tem vontade de se livrar de um hábito. Depois, explicarei as dicas para acabar com os maus hábitos, juntamente com as dicas para adquirir bons hábitos.

passo 2: primeiro, decida do que vai desistir

> É bom abrir mão de um prazer, se a dor também se for com ele.
> Publílio Siro

Todo mundo acha uma maneira de preencher o dia de algum modo, seja com uma agenda lotada ou com muito tempo de relaxamento. Um dia na vida de qualquer pessoa é repleto de hábitos, sejam eles bons ou ruins. Então, se você quer ter novos hábitos, os antigos precisam sair de cena. A primeira coisa a fazer é decidir parar. Mas quais hábitos você precisa deixar de ter? É uma pergunta difícil — como eu disse, é fácil acreditar que algo é necessário para aliviar o estresse.

você quer que seu filho tenha este hábito?

Uma pergunta que vale a pena se fazer é se você quer que seu filho tenha este hábito em particular. A pergunta é válida mesmo que você não tenha filhos.

Um hábito que se tornou indispensável, mas que na verdade você gostaria de abandonar se pudesse. Um hábito que acrescenta tão pouco à sua vida que você não concordaria que seu filho tivesse. Um hábito que o deixa com uma sensação de arrependimento, em vez de uma sensação de realização ou satisfação. Podemos arrumar várias desculpas para não abandonar esse tipo de hábito. Também é possível inventar um grande número de vantagens para mantê-los.

Mas é diferente quando pensamos se gostaríamos que nossos filhos tivessem o mesmo comportamento como hábito. Não acho que existam muitas pessoas que gostariam que os filhos se tornassem viciados em álcool ou nicotina, que ficassem obcecados em smartphones ou em redes sociais, ou que se perdessem em apostas.

É estranho que pensemos que temos permissão para agir do modo que queremos quando nos tornamos adultos. Se você acha necessário estabelecer uma hora como limite para seus filhos assistirem à TV ou jogar videogame, então isso também é necessário para um adulto. Todos precisamos continuar aprendendo até o momento em que morrermos.

o problema não é a categoria em si

O problema é que este hábito que devíamos parar de ter não pode ser deixado de lado simplesmente por causa de sua categoria. Por exemplo: as únicas lembranças que tenho da minha infância são de jogar videogame, coisa que parei de fazer lá pelos trinta anos. Claro que eu gostava de jogar videogame, mesmo assim, acho que, logo que parei, comecei a olhar com frieza para aqueles que ficavam absortos nesta atividade.

Mas mudei meu modo de pensar quando descobri como o jogador profissional de videogames, Daigo

Umehara, aborda a questão dos jogos. Ele também diz que há tempos se entedia com os games. Mas, quando vencer uma competição é tratado como um método, o objetivo final se torna um tipo de crescimento pessoal. Para ganhar a primeira posição no ranking mundial, é necessário jogar com seriedade por horas, anotar os problemas que você encontra e sempre tentar melhorar. O processo de tentativa e erro não é diferente daquele empreendido por um atleta.

Em resumo, o que isso significa é que há valor em qualquer coisa que você leve a sério. Se for capaz de sentir que aprendeu tudo sobre a vida nos videogames, então não há necessidade de parar de jogá-los. Parei de consumir álcool, mas respeito *sommeliers*, mestres cervejeiros e de saquê que levam seu trabalho a sério. É claro que há pessoas capazes de aprender muitas coisas com a bebida.

Mas, quando olho para trás e penso na minha própria experiência com a bebida, não posso dizer que obtive muita alegria a partir dela. Claro que oportunidades para beber podem ser divertidas, mas frequentemente eu me arrependia no dia seguinte. Então, parei definitivamente com isso.

Mantenha os pontos abaixo em mente e pense no que você devia parar de fazer.

- Hábitos que você não quer que seu filho tenha;
- Hábitos com os quais você tem a sensação de não ter aprendido muito quando reflete sobre eles depois;

- Hábitos que lhe causam arrependimento em vez de uma sensação de realização.

todas as ações são viciantes

Estímulos em doses razoáveis são necessários para a vida. O problema é quando você quer parar de fazer algo, mas não consegue. As coisas que você não consegue largar por vontade própria são vícios. Não se trata apenas de álcool ou nicotina — há muitas substâncias viciantes. O açúcar é uma delas.

Em um experimento realizado pela neurocientista Nicole Avena, açúcar foi dado para ratos. Com o tempo, os ratos começaram a mostrar um forte desejo por açúcar, desenvolvendo um nível de tolerância à substância, como vemos acontecer com drogas como a cocaína, e até experimentaram sintomas de abstinência. Quando pesquisadores da Universidade de Michigan realizaram uma enquete com 384 adultos, 92% responderam que tinham forte desejo por determinadas comidas, e que não conseguiam parar de comê-las, apesar de numerosas tentativas.

Não são apenas substâncias que são viciantes. Segundo Jon Grant, do Centro Médico da Universidade de Chicago, todas as coisas que nos dão uma recompensa excessiva — como felicidade em excesso (euforia) ou conforto — são viciantes. Não só usar drogas, mas comer determinadas comidas, fazer compras, fazer sexo, usar redes sociais — todas essas ações têm uma natureza viciante. Dito de maneira simples, eu corro porque me sinto bem, mas seria possível dizer que sou viciado nisso.

você se torna suscetível a vícios se as recompensas vêm rapidamente

Uma característica das coisas que são facilmente viciantes é que elas oferecem recompensas rapidamente. Em outras palavras, uma boa sensação tem efeitos imediatos. Se a euforia do álcool viesse seis horas depois de beber, menos pessoas desfrutariam dele. Não haveria tanta gente presa nas redes sociais se os "likes" chegassem na sua caixa de correio um mês depois.

Seu cérebro não consegue diferenciar entre a "boa dopamina" que vem do exercício físico e a "má dopamina" que vem do uso de drogas, por exemplo. Seu cérebro só lhe diz para repetir a ação que resultou naquele prazer. Então, é necessário considerar abertamente o que devemos parar de fazer.

o motivo pelo qual parei de beber

O primeiro hábito que eu quis largar foi a bebida. Veja bem, de modo algum estou rejeitando a cultura associada ao álcool e não acredito que todo mundo precise parar de beber agora. Eu jamais pensaria algo assim, nem se minha vida dependesse disso. Só que, para mim, beber se tornou algo que tinha que parar de fazer.

Vou continuar a falar sobre parar de beber como exemplo, e espero que, enquanto estiver lendo, você substitua isso pelo que quiser parar de fazer, porque a estratégia para largar algo, em geral, é a mesma.

Agora, o difícil da bebida é que todo mundo acha que tem isso sob controle e acredita que o alcoolismo não tem nada a ver consigo. Claro, talvez exista um pequeno número de pessoas que começa a beber logo pela manhã. Como com qualquer outro hábito, ninguém começa a beber com a intenção de ficar viciado. Mas o vício começa no primeiro gole. Então, essa é realmente uma questão que todo mundo devia encarar.

Parei de beber há, mais ou menos, um ano e meio. Embora tivesse tentado parar de beber várias vezes no passado, simplesmente não conseguia. Eu realmente adorava beber, e amava bares. Mas quis parar porque queria levantar cedo pela manhã, um hábito que sempre desejei ter. Dizem que Ernest Hemingway sempre se levantava cedo, independentemente de até que horas tivesse ficado acordado, bebendo. Então, se eu tivesse a disciplina de Hemingway, talvez não tivesse que parar de beber.

Embora você planeje parar de beber depois de um único copo, é realmente difícil que isso aconteça, porque o sistema frio do nosso cérebro, que mantém nossos desejos sob controle, fica paralisado pelo álcool. Eu queria viver uma vida regular, mas a qualidade das minhas manhãs diminuía por causa das ressacas, que nunca me davam a chance de adquirir o hábito de acordar cedo. Eu não gostava de repetir isso. E me perguntava se tudo bem ter tantos arrependimentos na minha vida.

passo 3: alavanque pontos de inflexão

Atualmente adquiri vários bons hábitos, mas assim que me mudar da minha casa atual, é provável que tenha que desenvolvê-los novamente, porque terei que recriar os gatilhos dos hábitos que estão ligados ao ambiente em que vivo nesse momento.

Por outro lado, é bom usar um ponto de inflexão — como mudar de casa — se você quiser largar alguma coisa. Para mim, o ponto de inflexão em minha jornada para abandonar o álcool foi uma doença.

O álcool é uma droga, e envolve dependência física. Por isso, é difícil largá-lo somente com a ajuda de algo tão simples como a força de vontade. É o mesmo que tentar parar de comer quando temos tanta fome que parece que vamos morrer se não comermos algo.

Durante uma viagem para a ilha Ishigaki, em Okinawa, peguei gripe e passei a maior parte dos meus cinco dias na cama. Tive que cancelar o mergulho pelo qual tanto ansiava. Não pude nem pensar em beber; eu mal conseguia me alimentar. Depois de passar aqueles cinco dias sem álcool, no entanto, percebi que tinha menos vontade de beber do que o normal. Acho que aqueles cinco dias são o obstáculo mais difícil que temos que encarar quando queremos largar alguma coisa. Então, aproveitei a oportunidade.

Durante vinte dias após ter parado, ainda queria beber, ainda invejava quem bebia. Mas, um mês depois, percebi que, mesmo se eu visse uma garrafa de bebida, não sentia mais desejo de beber. Naoki Numahata, com quem tenho um blog, também parou de beber depois que ficou hospitalizado por conta de um tratamento dentário. Com frequência, ouço histórias similares sobre parar de fumar. Você pode se sentir mal quando está doente, mas, quando não está em suas condições físicas normais, você tem uma chance de largar hábitos dos quais sempre quis se livrar.

Pensando nisso, agora, ser abandonado pela minha namorada serviu como oportunidade para que me livrasse de uma quantidade imensa de coisas e me tornasse minimalista. Segundo meus registros daquela época, em geral, eu ia a lugares como templos — acho que queria me reexaminar. Pontos de inflexão como estes nos dão um empurrão para a mudança.

deixar ir quando mais quiser alguma coisa

> Se seu trabalho é comer dois sapos, é melhor comer o maior primeiro.
> Mark Twain

Acho que parei de beber no momento certo. Era janeiro e anunciei imediatamente no meu blog que aquele era meu objetivo de Ano-Novo. O período mais difícil veio primeiro: as festas de início de ano e um casamento. O fato de eu ter me mudado para o interior ajudou bastante. Por um tempo, meu único meio de transporte eram meus pés ou minha bicicleta, e não havia máquinas de *snacks* ou lojas de conveniência que eu pudesse acessar com rapidez. Aquele tipo de ambiente ajudou. E, em determinado ponto, até parei de ter vontade de arrumar o cabelo com pomada, algo que sempre fiz. Decidi usar um encontro que marcara com uma bela moça como o dia para parar com aquele hábito. Significava que, se eu fosse capaz de abandonar um hábito no momento em que mais precisava dele, então também conseguiria largá-lo em outras ocasiões.

A mesma coisa se aplica a beber. Desde que atingi uma certa idade, meus relacionamentos com as mulheres sempre começavam com bebidas; eram indispensáveis nos encontros. Mas, assim que passar por aquele dia mais difícil, você será capaz de ignorar qualquer desejo menor que possa se desenvolver em sua vida cotidiana.

O clímax, para mim, foi em um restaurante em Nova York, quatro meses depois de ter parado de beber. Meu trabalho anterior, *Dê adeus ao excesso*, foi traduzido para o inglês, e fui para os Estados Unidos fazer uma palestra para comemorar a publicação. Fomos a uma festa com o editor local, sua esposa (a quem devo a tradução) e meu agente. Celebrar uma coisa importante, em um lugar incrível como Nova York, com pessoas especiais não é algo que acontece com frequência na vida. Fui capaz de dizer não ao álcool naquele momento, e tive uma sensação real de que tinha completado meu esforço de parar de beber.

passo 4: pare de uma vez por todas — é mais fácil

O escritor do século XVIII Samuel Johnson disse a um amigo, quando este lhe oferecera um pouco de vinho, que não conseguiria beber só um pouco. E foi por isso que nunca teve contato com o álcool. No caso dele, foi fácil dizer não para a bebida, mas, se não o tivesse feito, seria difícil se controlar. Posso entender isso.

Quem bebe só uma ou duas vezes por semana, não tem que desistir completamente. Mas esse não era meu caso. Na intenção de controlar meu excesso de bebida, tentei inventar várias exceções, pois a ideia de parar de vez era muito triste. "Tudo bem quando eu estiver com meu amor." "Tudo bem quando eu estiver viajando." "Casamentos de amigos são ocasiões especiais." "Só vou tomar cerveja de fabricantes orgânicos ou das minhas cervejarias favoritas." E assim por diante.

Continue pensando desse jeito e as exceções só vão aumentar. E, em algum momento, vão se tornar "Tudo bem se eu estiver com alguém", ou "Farei de hoje uma ocasião especial". As regras vão se tornar complicadas, e você acabará pensando se algo é ou não permitido ou se você deve se abster. Em outras palavras, sua consciência será convocada — você tem que gastar tempo pensando nisso — e vai se tornar difícil continuar a aderir à abstinência de álcool como hábito.

O filósofo Immanuel Kant se permitia fumar um cachimbo apenas uma vez ao dia, mas dizem que, conforme os anos passavam, o cachimbo ficava cada vez maior. Se sua regra tem exceções, significa que não é a melhor regra.

hábitos não estão relacionados a ser forte ou perseverante

Pessoas que adoram beber criam exceções para a bebida porque beber é divertido. Sabendo disso, a abstinência é difícil. Se algo é divertido, os dias sem essa coisa são dias de perseverança. A perseverança é um estado em que não há recompensa. E as pessoas não conseguem continuar fazendo coisas que não oferecem recompensas.

Uma técnica para deixar alguma coisa de lado é evitar usar palavras que a proíbam. Em vez de pensar que você não pode beber álcool, pense: "Não preciso mais beber". Volte sua atenção para a dor que sente quando bebe, e não para as vantagens das quais sentirá falta quando não beber.

Quando digo para as pessoas que estou evitando beber, elas geralmente me dizem que sou forte. Mas este não é o caso. Daria para dizer que estou sendo forte se eu me recusasse a beber mesmo estando tentado a fazer isso. Mas, como vimos no capítulo 1, pessoas com muita força de vontade não ficam tentadas. Por exemplo, vamos dizer que fui a um bar *izakaya*. As opções são:

- Beber
- Não beber

Não que eu esteja escolhendo não beber depois de ponderar se devo ou não consumir álcool. Estou em um estado em que a ideia de beber álcool não tem apelo algum, e jamais escolheria esta alternativa. Escrevi anteriormente que, quando você faz a mesma coisa repetidas vezes, as espinhas dendríticas, que conectam as sinapses no cérebro, ficam maiores.

Por outro lado, se você não repetir uma ação, as espinhas dendríticas assumem um estado de dormência (este pode ser o motivo pelo qual as pessoas que superaram o alcoolismo, em geral, voltam ao estado anterior após um único gole).

Não consigo mais me lembrar da sensação refrescante de uma cerveja ou de como era bom ficar meio alto, então não tenho o desejo nem de começar a beber. Neste ponto, me sinto quase como um aluno do primeiro ano que é incapaz de entender por que os adultos bebem cerveja. Eu costumava tomar uísque puro, mas agora sinto náusea e estremeço só de sentir o cheiro de uma bebida com alto teor alcoólico.

Há uma teoria que diz que o único estresse que dá para aliviar bebendo ou fumando é o estresse de ficar sem bebida ou cigarros. Eu também costumava achar que a vida seria 70% menos divertida sem álcool. Mas, evidentemente, este não é o caso: crianças (que obviamente não bebem) se divertem. Brotos de ervilha vão começar a crescer novamente se você cortá-los. Da mesma forma, é possível obter prazer novamente depois que você perde algo.

você pode muito bem fazer uma mudança ousada

Enquanto estávamos falando da importância de estabelecer objetivos, quis compartilhar uma história da qual gosto muito.

Dizem que a Matsushita Electric (que hoje se chama Panasonic) definiu um plano para reduzir a conta de eletricidade em 10%. Não deu certo. Quando os executivos se reuniram para discutir o que deviam ou não fazer, contam que o fundador da empresa, Konosuke Matsushita, disse: "Tudo bem. Então, vamos mudar nosso objetivo e tentar reduzir nosso consumo pela metade, em vez de em 10%". Reduzir 10% do consumo de energia é difícil porque isso envolve técnicas superficiais. Mas, para cortar os custos pela metade, toda a estrutura da empresa precisa mudar. Por fim, é possível esperar os resultados desejados. Isso é similar à minha crença de que é mais fácil romper com certos hábitos de uma vez por todas, de uma hora para a outra.

passo 5: você sempre paga o preço

> Quando olhar para o tamanho das coisas que jogou fora, ou que está tentando jogar fora, você verá o tamanho das coisas que está tentando adquirir.
> *The Summit of the Gods*

Quando você está rompendo ou adquirindo um hábito, é importante reconhecer que não dá para se concentrar só nos pontos positivos. Certa vez, o escritor John Gardner disse que sempre temos que pagar o preço se desrespeitarmos a lei, bem como se a respeitarmos. Por exemplo: é muito perigoso andar de moto sem capacete, e você pode ser pego pela polícia. Mas, se obedecer a lei e usar capacete — que é seguro, porém apertado —, a sensação de liberdade, única quando andamos de moto sem capacete, desaparece.

inibidor de bons hábitos: focar só nos pontos bons

Da mesma forma, pago um preço por não beber. Eu não bebo, mesmo em situações divertidas ou celebrações, o que deixa algumas pessoas chateadas. Entendo isso, pois, quando gostava de beber, achava que as pessoas que não bebiam não eram divertidas. A seguir estão algumas reações que enfrentei depois que parei de beber:

Um amigo: "Vamos lá, não vai doer beber só um pouquinho. Vamos beber".
Minha mãe: "Eu me sinto meio solitária".
Shinjuku Golden Gai:[2] "Deixe essa resistência inútil de lado!".
Um francês: "Ah...".

Quando amo uma coisa, não nego seu valor depois que abro mão dela. Há uma certa confusão quando as pessoas abandonam algo que é popularmente estimado, tal como beber.

Quanto mais a pessoa quer largar um hábito, mais ela fica zangada ao olhar para quem conseguiu abrir mão deste mesmo hábito. Pessoas incapazes de arrumar suas coisas ou de se livrar delas, às vezes, ficam bravas com minimalistas, e acredito que seja porque a própria inoperância em relação a esse assunto gera ansiedade em uma parte dessas pessoas. Elas não ficariam zangadas se achassem que estavam fazendo a coisa certa.

Embora haja um preço a se pagar por não beber, há muitas vantagens também: criar uma rotina regular, melhorar a saúde, diminuir os gastos e o lixo produzido, evitar embriaguez e atitudes inconsequentes, manter a

---

2 [N. da T.]: Região de Tóquio conhecida pela vida noturna.

mente clara até o fim do dia. Mais do que tudo, meus dias agora são pacíficos, e não tenho que me esquivar repetidas vezes da tentação de beber.

Quando rompemos com um hábito, é importante perceber se há ou não alguma outra coisa que você queira priorizar, mesmo que tenha que pagar um preço por isso.

Haruki Murakami corre todos os dias e escreve todos os dias quando está trabalhando em um romance. Soube que ele recusa vários convites de pessoas próximas. Ele diz: "As pessoas ficam ofendidas quando recuso o convite delas". Mas, quando está escrevendo um romance, os laços que você tem com um grande número de pessoas desconhecidas — seus leitores — pode ser mais importante do que os laços que você tem com quem é próximo, e, ao dar prioridade a isso, você paga o preço de chatear seus amigos. Eu me identifico completamente com esse sentimento.

passo 6: examine os gatilhos e as recompensas de seus hábitos

Charles Duhigg, autor de *O poder do hábito*, queria acabar com um determinado hábito. Toda tarde, ele ia a um café, comprava cookies com gotas de chocolate, socializava com amigos e acabava comendo todos os biscoitos. Como resultado, ganhou muito peso. Vou explicar o fluxo geral de como ele se livrou deste hábito.

O problema da rotina é bastante claro: ele sempre acabava comendo os cookies com gotas de chocolate. Então, a primeira coisa que precisava ser feita era identificar o gatilho para esta rotina. Como falado antes, Duhigg separa os gatilhos da seguinte forma:

- Lugar: onde ele estava?
- Hora: que horas eram?
- Estado psicológico: cComo ele estava se sentindo naquele momento?
- Outras pessoas: quem mais estava ali?
- Ações anteriores a comer os biscoitos: o que estava sendo feito?

Ele fez anotações durante vários dias e descobriu que desenvolvia o desejo lá pelas três da tarde, todos os dias. Depois disso, determinou qual era a verdadeira recompensa. Havia várias recompensas óbvias, como distração do trabalho, o açúcar dos biscoitos, estreitar laços com os colegas, e assim por diante. Mas, ao reduzir as recompensas uma a uma, ele pôde ver a recompensa que realmente queria.

O que ele verdadeiramente queria era conversar com os colegas para se distrair do trabalho. Então, ele colocou o alarme para três da tarde, usando isso como gatilho. Adquiriu o hábito de ir até os colegas e socializar com eles quando o alarme tocava. Os cookies com gostas de chocolate não eram mais uma recompensa realmente necessária para ele.

as recompensas de tuitar

Confiro o Twitter repetidas vezes se não tomo nenhuma medida no sentido contrário. Não é tanto os tuítes dos outros, mas as respostas aos meus próprios tuítes que alimentam este hábito. Enquanto escrevia este livro, ideias me surgiam, e eu queria tuitar a respeito delas. Mas se tuitasse todas elas e ficasse conferindo as respostas, não chegaria a lugar algum com meu original.

Então, criei uma nota no meu smartphone chamada "Twitter", e escrevia ali tudo o que me vinha à mente. Os resultados foram imediatos. Achei que usava o Twitter porque ficava feliz em ver os "likes", mas a recompensa maior era a possibilidade de salvar minhas ideias. Fiquei muito satisfeito simplesmente por registrar meus pensamentos, mesmo que ninguém os lesse.

É difícil se livrar do desejo de fazer alguma coisa ou do desejo de recompensas. O que podemos mudar são os detalhes da rotina. Algo que ajuda bastante é ter um aplicativo de contagem no smartphone. Você clica no botão e o número aumenta: um, dois, três. É um aplicativo que apenas conta coisas.

Se tenho vontade de acessar o Twitter, eu a ignoro, abro o aplicativo e aperto o botão. E então tenho uma sensação de realização; é como uma recompensa, e meu desejo deixa de existir por um instante. Você pode cruzar as pernas, cutucar o nariz, ou o que quer que seja, mas o aplicativo de contar coisas pode ser usado para fixar hábitos. Você cria a rotina de acioná-lo sempre que quiser fazer algo. E, no fim do dia, fica satisfeito de ter resistido à sua vontade tantas vezes.

passo 7: torne-se um detetive que procura o verdadeiro criminoso

Acordar cedo foi um dos meus objetivos por muitos anos, mas eu simplesmente não conseguia fazer isso, por muitos motivos. Como havia diversos culpados em potencial, tive que procurar o verdadeiro criminoso, como um detetive. Foi desta forma que desvendei o "mistério do assassino da vontade de acordar cedo".

Eu costumava apertar o botão de soneca depois que meu despertador tocava na hora programada para eu levantar. Apertar o botão de soneca virou um hábito.

Eu conseguiria acordar sem um despertador se conseguisse dormir o suficiente. Então, aparentemente, eu não estava dormindo o bastante.

Eu não dormia o suficiente porque bebia antes de ir para a cama e, assim, ia dormir tarde. Também havia a possibilidade do meu sono estar leve por causa do álcool. A-ha! A bebida era a primeira culpada em potencial.

Mas também podiam ser os petiscos. Não dava para descartar completamente a possibilidade de, já que eu ia para a cama com o estômago cheio, ter que dormir muitas horas para digerir toda aquela comida. Também era possível que eu não estivesse usando o travesseiro correto.

Mas o álcool ainda me parecia o culpado mais provável. Então, por que eu bebia antes de ir para a cama? Talvez houvesse outro motivo envolvido nesse hábito.

Conforme minha investigação avançava, dei de cara com um registro em meu diário de um dia em que estava particularmente arrependido por ter bebido de novo. O registro dizia que, primeiro, eu estava chateado por não ter começado o texto que precisava escrever. E, de algum modo, consegui deixar de comprar uma cerveja no supermercado e, em vez disso, comprei um saco de batatas fritas.

Mas, depois que terminei de comer as batatas, o que fiz em poucos minutos, desenvolvi uma sensação de incerteza. Então, não consegui controlar o desejo de tomar aquela cerveja que eu tinha deixado de lado antes, e corri até a loja mais próxima. Não consegui mais me conter depois da primeira cerveja. Na sequência, fui até a loja novamente e comprei um *chuhai*, uma bebida bem mais forte.

O que deu início a este círculo vicioso foi o fato de não ter escrito o material que eu deveria ter começado a escrever, o que me deixou preocupado. Ao que tudo indica, tinha começado a beber porque não fizera o trabalho que tinha que ter feito naquela tarde. Aquele havia sido o principal culpado pela minha incapacidade de acordar cedo.

É engraçado mergulhar na situação desta forma, para descobrir em que lugar um hábito ruim começa.

passo 8: não transforme identidade em desculpa

Há muitos escritores e editores que têm pilhas de documentos em suas mesas. Eu costumava ser assim. É verdade que eles precisam de muitos materiais de referência, e que é um ramo de atuação bem atarefado. Mas descobri que não causou problema algum tirar tudo de cima da minha mesa. Na verdade, meu trabalho avançou com muito menos percalços.

Há um certo dandismo entre repórteres e editores. Para fazer um bom trabalho, você precisa ter pilhas de materiais sobre sua mesa. Talvez seja um disfarce: você quer aparentar que está trabalhando tão duro que não tem tempo para arrumar nada.

gênios não esperam inspiração

De certa forma, as profissões são acompanhadas por ilusões. Um escritor passa o tempo escrevendo. Um artista espera a inspiração chegar.

Ouvi dizer que, certa vez, um escritor falou para Haruki Murakami que "um manuscrito é algo que você escreve depois que o prazo chegou". Você espera até o último minuto antes do prazo e segue em frente com o texto assim que a inspiração chega.

Como mencionei antes, esse tipo de ilusão é destruída no livro *Os segredos dos grandes artistas*, que segue o dia a dia de 161 escritores e artistas. Pessoas ativas em seus campos de atuação têm rotinas e hábitos muito regrados.

O artista Chuck Close diz que só amadores acham que alguém só desenha quando é atingido pela inspiração: profissionais como ele trabalham quando é hora de trabalhar. O compositor John Adams também diz que os hábitos de pessoas criativas são muito simples, e não há nada de particularmente interessante neles.

identidades podem ser mudadas

Assim como é possível aprender a olhar além das ilusões associadas ao ramo de atuação, também é possível mudar sua identidade como um todo.

Houve uma época na qual eu estava convencido de que era uma pessoa noturna, e não podia viver sem álcool. A maioria dos membros da minha família está acima do peso e, quando eu também estava, acreditava que excesso de peso era algo genético.

Na realidade, eu estava com quilos excedentes simplesmente porque acumulava maus hábitos; mas estar acima do peso naquela época não significava que a realidade não podia ser mudada. Veja bem: se por causa dessa identidade minimalista eu fosse deixar de ter as coisas que realmente queria, estaria colocando minhas prioridades de trás para frente. Nossa identidade do presente não deve restringir nossas ações do futuro.

passo 9: comece com hábitos fundamentais

Entre os diferentes tipos de hábitos estão aqueles que chamamos de "fundamentais". Hábitos fundamentais levam ao desenvolvimento de outros hábitos — como um efeito dominó.

Meu hábito fundamental é organizar coisas, que começou quando me tornei minimalista. Assim que reduzi o número de roupas e pratos que tinha, não dava mais para acumular roupa ou louça sujas. Comecei a cuidar das roupas e dos pratos que eu ainda tinha, e fazer isso era muito simples, porque não havia muita coisa para limpar ou organizar. O que aconteceu então foi que comecei a gostar dos afazeres domésticos, coisa que costumava achar desprezível. Sob as condições certas, você pode gostar de coisas que antes odiava. Foi o que inicialmente despertou meu interesse pelos hábitos. As pessoas desenvolvem carinho por coisas que são fáceis de executar, que oferecem recompensas e que podem rapidamente transformá-las em hábitos.

o minimalismo vai reduzir obstáculos para desenvolver outros hábitos

Agora eu seleciono as coisas com muito cuidado, e passo menos tempo fazendo compras ou administrando minhas posses. O tempo que economizo com isso uso para adquirir novos hábitos. A vantagem de reduzir suas posses é que isso diminui os obstáculos para começar a trabalhar todos os seus outros novos hábitos.

Por exemplo, consegui tornar a ioga parte da minha rotina, porque meu quarto é arrumado e permite que eu pegue e guarde meu tapete de ioga com facilidade. Se não dá para encontrar sua roupa de ginástica, você para de ir à academia. Você se sente completamente diferente quando desperta em um quarto arrumado do que em um lugar bagunçado. Acredito que o minimalismo seja um jeito bem eficiente de adquirir outros bons hábitos.

Se você está inseguro sobre quais bons hábitos deve adquirir, recomendo que primeiro reduza seus pertences. Se reduzir suas coisas de forma apropriada, menos bagunça vai se formar. Você vai desenvolver o hábito de guardar as coisas depois de usá-las.

reduzir coisas por meio do exercício

É claro que a ordem na qual novos hábitos são adquiridos varia de pessoa para pessoa. Algumas vão começar desenvolvendo uma rotina de exercícios. Conheço alguém que, primeiro, transformou exercício em hábito. Logo que fazia isso, ele se sentia melhor e, assim, sentia que roupas simples, como uma calça jeans e uma camiseta, já eram o suficiente. Depois que começou a reduzir a grande quantidade de roupas que tinha, também começou a diminuir outras posses. É provável que haja gente que comece com uma dieta. E gente como Arnold Schwarzenegger, que começou com o hábito de levantar pesos, e cuja carreira se expandiu primeiro para ator e depois para político.

acordar cedo é tanto a vanguarda quanto o comum

Acordar cedo é também um hábito importante. Não podemos controlar o número de horas que passamos na escola ou no trabalho, mas podemos escolher a que horas levantar. O tempo depois que você se levanta é o tempo no qual pode se concentrar melhor. Conforme o dia avança, coisas inesperadas e distrações vão se acumulando, então é melhor fazer o que queremos fazer pela manhã.

Para mim, não é difícil levantar cedo, considerando que, em geral, durmo o suficiente. Mas há vezes em que acordo no meio da noite e, quando é hora de levantar, quero dormir mais. Para superar isso, lembro a mim mesmo que não levantar cedo é um inibidor de bons hábitos.

Embora eu continue registrando meus hábitos até hoje no meu diário ou no meu aplicativo, com frequência deixo de lado a ioga, um hábito que vem logo depois de me levantar, e meditação, que não consigo fazer quando não levanto cedo. Como vimos no capítulo 1, uma sensação de insegurança é gerada quando não seguimos a dieta, e a força de vontade se perde. Há vezes que acabo não fazendo nada o dia todo.

Quando não conseguimos levantar cedo, todos os hábitos que dependem deste vão colapsar. É por isso que comecei a pensar que levantar cedo é tanto a vanguarda quanto o comum. Acordar cedo é uma obrigação e, se você perde esta primeira batalha, vai perder todas as outras.

Ao designar mais responsabilidade ao ato de acordar cedo, consigo me levantar mais cedo ainda. Assim que me levanto, começo a mover o corpo fazendo ioga, e minha mente se limpa no mesmo instante. Com este hábito, luto contra o torpor matinal pensando que minha mente ficará limpa em cinco minutos, e então poderei começar o dia.

passo 10: mantenha um diário para registrar observações sobre si mesmo

Um hábito que recomendo é começar um diário o mais rápido possível. Esse diário será um registro do seu progresso. Duvido que alguém possa adquirir bons hábitos sem nunca falhar e apenas lendo este livro.

De fato, você não consegue ter a real sensação de que não adquirir bons hábitos é desvantajoso para você a não ser que continue a falhar. É por isso que devemos manter um registro das nossas falhas. Devemos anotar os tipos de desculpas que damos para os nossos fracassos e os tipos de situações nas quais nos metemos. Dessa forma, será mais fácil lidar com uma futura situação similar.

A psicóloga Kelly McGonigal explica a importância de refletir sobre o curso da nossa ação no momento em que decidimos realizá-la. Por meio de um diário, podemos pensar sobre quando tomamos uma decisão com o propósito de adquirir um hábito ou sobre como acabamos inventando uma boa desculpa.

você entenderá suas tendências ocultas

A menos que registre tudo, você pode distorcer a realidade o quanto quiser, conforme for conveniente. Relacionado a isso está o fenômeno psicológico conhecido por "raciocínio motivado", que é quando você, primeiro, decide se faz ou não alguma coisa e, depois, começa a raciocinar sobre ela.

Eis um exemplo: quando comecei a pensar em cortar carboidratos, estava em um ponto em que não conseguia controlar minha ingestão deles. Está no meu diário: "Ouvi dizer que é mais eficiente ter um dia reservado para trapacear na dieta e comer um monte de carboidratos do que ficar para sempre sem eles". Por causa deste raciocínio, estabeleci vários dias para trapacear.

Meu diário também mostra que justifiquei meu consumo de álcool da seguinte forma: "Ei, parece que o vinho tinto queima gorduras" e "Estou comemorando a reimpressão do meu livro". Mas eu não queria celebrar; queria beber.

Assim que achava uma justificativa que parecia boa, nada me detinha. A não ser que eu mantivesse um registro, minha memória seria alterada e não perceberia que aqueles motivos eram, na verdade, desculpas. Os registros são implacáveis.

Escrevi várias e várias vezes em meu diário que achava que iria beber só uma dose, mas, depois que começava, não conseguia mais parar. Ao manter e revisitar aqueles registros, as desvantagens, por fim, ficaram óbvias. Parar na primeira dose era um sonho impossível para mim.

um marcador claro de quando começo a me preocupar com meu peso

Ao examinar seu diário, você poderá ver suas tendências ocultas. Tenho 1,75m de altura. Começo a me preocupar com a flacidez da minha barriga e do meu queixo quando ultrapasso os 68 quilos, e acabo perdendo a capacidade de me concentrar.

Por meio do meu diário, aprendi que sempre reajo do mesmo modo quando ultrapasso esse peso. Então, tento permanecer sempre abaixo dos 68 quilos. Ao manter registros em meu diário, aprendi a identificar com objetividade quando começo a entrar no que costumo chamar vagamente de "aquele estado de espírito".

uma dica para registros diários: escreva os fatos

Ao manter um diário, é importante se concentrar em escrever os fatos e não em escrever bem.

Muitas pessoas acham que escrever um diário equivale a escrever metáforas e ensaios cheios de ensinamentos e pensamentos profundos. Isso é difícil e pode fazer você parar de escrever. Não é preciso supor que alguém vá ler, basta escrever de um modo que *você* entenda.

Consegui continuar a escrever meu diário depois que li *O poder mágico dos diários*, de Saburo Omote. O autor diz que manter um diário significa fazer um registro mais do que qualquer outra coisa. É por essa razão que diários contêm fatos sobre a vida cotidiana, como beber suco de melancia ou fumar um cigarro. O tipo de acontecimento maravilhoso sobre o qual você pode escrever um ensaio não acontece todo dia, mas coisas triviais, sim.

É por isso que você sempre pode escrever a verdade desde o começo. A que horas você acordou, se comeu peixe frito no almoço... Mesmo coisas como estas vão ajudar a trazer lembranças à sua mente, e isso será muito divertido.

A situação varia de pessoa para pessoa. O diário que você está escrevendo vai se tornar um registro médico apenas para sua própria consulta, para o propósito de adquirir hábitos. Você pode então formular uma solução que seja adequada.

passo 11: medite para aumentar sua habilidade cognitiva

Recomendo meditação como um hábito para ser adquirido desde o início. Vai servir como treino para sua cognição — seu sistema frio.

Meditar permite que você esteja metaconsciente, o que quer dizer ter uma sensação do que está pensando e do que está sentindo do ponto de vista de uma terceira pessoa.

Significa que você vai aprender a pensar: "Tem uma pessoa dentro de mim que quer comer marshmallow", em vez de "Eu quero comer marshmallow".

Dizem que as pessoas têm algo em torno de setenta mil pensamentos ao longo de um dia. A meditação é o ato consciente de reconhecer que você está seguindo em frente e pensando, e de transferir sua consciência para sua respiração. Você aprimora a sensação em sua pele enquanto respira. O ar entra pela narina, passa pela garganta, entra nos pulmões e volta.

Enquanto medita, você se torna superconsciente das áreas do seu corpo em que a respiração acontece. Você vai descobrir que não é tão fácil, pois sua consciência imediatamente voa para várias direções. A mente humana realmente começa a tagarelar. Mas, quando você insiste nesse tipo de atividade, aprende a ver suas emoções e seus desejos com objetividade.

Meditar se tornou rapidamente um hábito para mim. Embora eu deva isso em parte ao fato de que meu apartamento é limpo e tem uma área própria para relaxar; acho que consegui primariamente porque as recompensas são instantâneas quando você medita.

Depois que medito, mesmo a "resolução" do que vejo parece melhorar. As coisas que anteriormente pareciam definitivas se dissolvem, e eu simplesmente me sinto bem e limpo.

meditação e dependência de álcool

A meditação também é usada para tratar dependência alcoólica. Foi revelado que meditar ajuda a controlar a atividade no córtex cingulado posterior do cérebro.

Esta área é associada ao ato de pensar sobre a mesma coisa sem parar. A obsessão é gerada pela repetição de pensamentos. "Sou um ser humano inútil." "Nada dá certo em minha vida, não importa o que eu faça." A meditação, que nos coloca no ponto de vista de uma terceira pessoa, é um método eficiente para reexaminar tais crenças.

passo 12: perceba que o entusiasmo não ocorre antes que você faça alguma coisa

> O problema... não é que você não se sinta motivado; é que você imagina que precisa se sentir motivado.
> Oliver Burkeman

Ainda na época em que eu não tinha o hábito de fazer exercício todos os dias, percebi que era mais difícil ir de fato à academia do que levantar pesos ou correr depois que chegava lá.

Nunca decido ir para casa enquanto estou levantando peso. Tampouco decido desistir de correr quando estou no meio de uma corrida. Mas, antes de ir para a academia, costumava me perguntar: "Devo ir hoje ou devo deixar pra lá?" ou "Acho que não estou com vontade hoje".

inibidor de bons hábitos: confiar em sua motivação

O problema é que temos a preconcepção de que, se esperarmos, a coisa que chamamos de "motivação" surgirá naturalmente. O neurocientista Yuji Ikegaya expressa por que isso é um engano: "Você não vai se sentir motivado a menos que comece a agir. Você se sente motivado quando o núcleo *accumbens* do cérebro funciona, mas ele não funciona a menos que você faça alguma coisa".

Você vai se sentir motivado quando começar a fazer alguma coisa, mesmo que seja de forma provisória. É difícil se obrigar a ir até a academia, mas como seu cérebro ficará motivado assim que você resolver ir e começar as atividades, o ato de se exercitar será mais fácil.

não há arrependimentos quando corremos

Também é importante observar que você não vai se arrepender de proteger os hábitos que já tem. Já me arrependi várias vezes por não ser capaz de proteger hábitos como fazer exercícios, enquanto estava no processo de adquiri-los. Mas nunca pensei "Eu não devia ter acordado cedo" pela manhã, ou "Fazer exercícios... Que grande erro" depois de ir para a academia. Se você sente que quer pular alguma coisa, pode funcionar perguntar a si mesmo: "Vou lamentar se fizer isso?".

Acho que, nesses casos, devemos seguir um princípio similar ao de quando estamos tomando uma decisão importante na vida. A escritora e empresária Tina Seelig observa que, quando não temos certeza sobre a avaliação que deve ser feita, devemos tecer uma história da qual nos orgulhemos no futuro. Ninguém vai querer ouvir você contar sobre sua vida e dizer que não fez uma escolha que queria fazer porque estava ocupado, porque não tinha dinheiro suficiente ou porque estava inseguro em relação às suas habilidades.

passo 13: o que quer que faça, reduza seus obstáculos

Para se motivar, você deve, antes de mais nada, começar. E o que fazer para começar? É importante diminuir qualquer obstáculo possível.

Várias metáforas físicas podem ser usadas para descrever a dificuldade de começar.

É necessário usar uma quantidade enorme de força para fazer uma roda começar a girar. Mas, assim que o movimento começa, não é mais preciso tanta força para mantê-la girando. O motor vai fazer um trem começar a se mover, mas a inércia assume a partir daí. A quantidade de combustível que um foguete usa nos poucos minutos imediatamente anteriores ao lançamento é maior do que a usada nos oitocentos mil quilômetros que se seguem.

É difícil quando começamos a estudar um novo idioma, porque não dá para entender nada do que a outra pessoa está dizendo. Mas fica melhor conforme vamos compreendendo mais palavras. Então, é importante remover o máximo possível de obstáculos no momento em que precisamos de mais força, e remover o máximo possível das pedras que caem na estrada.

descubra como são pequenos os obstáculos
para os hábitos que você quer abrir mão

Os obstáculos são assustadoramente pequenos para as ações viciantes. Por exemplo, é muito difícil produzir sua própria bebida alcoólica, mas é fácil beber. Você pode ir até qualquer loja pegar uma cerveja, e tudo o que precisa fazer é abrir a lata. Cigarros também são pequenos e leves, e você só tem que acendê-los.

Videogames e jogos de azar não fazem seus músculos doerem nem o fazem suar; assim como os smartphones, que são pequenos e fáceis de guardar no bolso, fazendo com que você passe a depender deles. Uma pessoa que lê um jornal no trem é uma imagem cada vez mais rara nos dias de hoje, provavelmente porque fazer isso se tornou um ato relativamente incômodo.

No futuro, o governo pode se preocupar com a dependência das pessoas em smartphones e criar uma lei assim: "Os smartphones não podem ser menores do que os iPads (em seu tamanho atual, diga-se)". Dito isso, Yukio Noguchi escreve seus livros ditando o texto para seu smartphone enquanto está deitado no sofá. Ele aproveita o fato de os smartphones serem um obstáculo pequeno para fazer seu trabalho.

como a Amazon diminui os obstáculos

Acho que a Amazon é a número um no que se refere a reduzir obstáculos para os compradores. Ela nos oferece compras com um clique e até nos permite pedir a Alexa que compre um refrigerante para nós.

Quando acontece um desastre em algum lugar, penso em fazer uma doação on-line. Mas em geral acabo desencorajado no meio do caminho pela necessidade de criar um novo usuário e senha e de preencher o número do meu cartão de crédito; a Amazon já teria toda essa informação. A Amazon governa os hábitos de compras de tanta gente porque os obstáculos são extremamente pequenos.

há três tipos de obstáculos a serem reduzidos

Há tipos distintos de obstáculos que devem ser reduzidos para que você possa adquirir bons hábitos: tempo e distância, procedimentos e psicologia. Vou explicar cada um deles.

Primeiro, há o obstáculo "tempo e distância". É muito agradável correr ao redor do Palácio Imperial, em Tóquio. Mas não é fácil fazer disso um hábito se você precisa pegar o trem e esperar uma hora para conseguir chegar lá. É mais fácil continuar correndo em algum lugar próximo de você. Se vai a uma academia, a coisa mais importante é a proximidade dela com a sua casa. Se há algo que quer continuar fazendo, a primeira coisa é garantir que seja possível fazê-lo em algum lugar próximo.

Depois, há o obstáculo "procedimentos". Quando eu estava adquirindo o hábito de ir à academia, fiz um esforço para reduzir o número de coisas que precisava levar comigo. Um dia, eu estava sem fazer nada em casa e me perguntava: "Devo ir hoje, ou não?". Então, listei todos os procedimentos que esperavam por mim na academia e pensei no que estava me impedindo de ir.

A academia é perto de casa e posso ir rapidamente de carro. Um pensamento que veio à mente foi: "É uma chatice colocar a roupa de ginástica". É algo menor, mas a acumulação de pequenas coisas muda as ações que realizamos. Embora eu achasse que era mais estiloso usar roupas esportivas, decidi usar uma calça comum e confortável. Parei de misturar minhas bebidas energéticas em pó e passei a beber somente água. Também deixei minha bolsa de ginástica mais fácil de usar. Com isso, consegui fazer da ida à academia um hábito. Essas pequenas coisas produzem grandes efeitos.

Eis alguns conselhos interessantes para diminuir obstáculos nos procedimentos. A maratonista Mari Tanigawa recomenda usar como pijama a roupa com a qual você vai sair se quiser tornar as corridas matinais no inverno um hábito. De fato, vai ser bem mais fácil transformar em hábito correr pela manhã se você remover o incômodo de se trocar no frio.

Tampouco podemos deixar de lado os obstáculos psicológicos. Eu, por exemplo, encontrei vários obstáculos psicológicos quando fui pela primeira vez a uma aula de ioga. Eu pensava: "Vão rir de mim, meu corpo é muito duro" e "O que vou fazer se for o único cara da aula?", e assim por diante.

Mas esses são tipos de obstáculos que qualquer iniciante vai ter. Também são perguntas feitas frequentemente nas comunidades de ioga. O corpo pode se tornar flexível, não importa a idade que você tenha. Quanto mais duro seu corpo, mais prazer você terá com as mudanças, quando comparado às pessoas que já são flexíveis desde o início. E, mais do que qualquer coisa, o objetivo da ioga não é fazer pose. Assim que me acostumei um pouco, realmente gostei do fato de haver poucos rapazes ao redor.

passo 14: perceba que os obstáculos são mais poderosos que as recompensas

Temos quantidades imensas de informação diante dos nossos olhos, e ficamos cada vez mais impacientes. Enquanto a taxa de rejeição (ou a porcentagem de visitantes que entram em um site e então vão embora — o rejeitam —, sem ver outras páginas) para sites que carregam no máximo em dois segundos fica ao redor dos 9%, quase 40% das pessoas param de olhar um site quando o tempo de carregamento é de cinco segundos.

Em outras palavras, independentemente do quão interessante seja o conteúdo do site e do quão fabulosos sejam os produtos ali vendidos, coisas que levam muito tempo para carregar não servem.

Mesmo se você decidir manter um diário, vai fracassar se o Word ficar travando ou demorar a abrir. Por isso, digitei o meu em um editor de texto básico até que manter um diário se tornou um hábito. Porque o editor de texto carregava rápido e funcionava bem, eu não pensava em desistir enquanto esperava que o programa abrisse. Registrar a data era fácil; só digitava "hoje" ou "amanhã", e o editor convertia para a data correta.

A motivação das pessoas pode desaparecer facilmente quando elas dão de cara com um obstáculo simples.

decidir operar ou doar um órgão também é um obstáculo

O exemplo que o pesquisador de economia comportamental Dan Ariely nos traz é bem surpreendente.

Quando apresentados a um caso hipotético, no qual é necessário considerar se iriam operar ou não um caso difícil, muitos médicos decidem não operar quando dizem a eles que ainda há um tipo de medicamento que pode ser testado.

Se, em vez disso, dissessem para eles que havia um segundo tipo de medicamento também disponível para teste, seria mais lógico pensar que esses médicos, então, escolheriam primeiro testar a ambos, para somente depois decidir entre os dois medicamentos ou se a melhor opção seria a cirurgia. Mas, frequentemente, a cirurgia é a primeira escolha dos médicos quando lhes é dada a opção de dois tipos de medicamentos. Os médicos escolhem operar quando a alternativa era outra decisão complicada.

A mesma coisa pode ser dita de questões importantes como a doação de órgãos, por exemplo. A taxa de doadores cai quando pedem para as pessoas marcarem a opção "Gostaria de ser doador". Ao contrário, ela aumenta quando pedem para as pessoas marcarem a opção "Não gostaria de ser doador". Em resumo, quando as pessoas dão de cara com uma questão difícil como a doação de órgãos, elas evitam tomar uma decisão e escolhem a opção padrão.

passo 15: aumente os obstáculos para hábitos que quer largar

Quebrar a casca do pistache é uma tarefa que dá trabalho, então é mais fácil evitar comer pistaches a comprar nozes caramelizadas, por exemplo. Chamo isso de teoria do pistache. Se você quer largar um hábito, é importante aumentar os obstáculos e procurar uma medida preventiva, assim como a casca do pistache.

Percebi que, se deixasse os aplicativos das redes sociais no meu smartphone, eu os abriria com frequência. Então, agora só vejo as redes no meu browser e saio da plataforma toda vez que termino. Desta forma, sempre que quero ver as redes sociais, tenho o trabalho da verificação em dois passos, de digitar meu usuário e senha; e, às vezes, mudo de ideia só de pensar nestes obstáculos.

Quando eu estava me preparando para entrar na universidade, desenvolvi o hábito de impedir a mim mesmo de negligenciar os estudos. Eu me sentava em uma cadeira com as costas viradas para a parede, e puxava a escrivaninha bem para perto de mim. Desta forma, toda vez que queria fazer uma pausa, não conseguia sair da cadeira sem me dar o trabalho de mover a pesada mesa. Isso se mostrou bem produtivo.

Em várias situações, é muito eficiente criar limitações físicas:

- Quando for dormir, coloque seu smartphone longe, para não conseguir apertar o botão de soneca ao acordar pela manhã;
- Na hora de fazer compras, use um cartão de débito, em vez de um cartão de crédito, para só usar o dinheiro que houver na conta, o que vai reduzir as chances de desperdiçar dinheiro.

Se não tem uma TV, você não poderá passar o dia descansando e assistindo a programas nela. Gretchen Rubin, autora de *Melhor do que antes: O que aprendi sobre criar e abandonar hábitos*, sugere criar obstáculos interessantes e traz alguns fatos dignos de nota:

- Coma com sua mão não dominante para não comer rápido demais;
- *Se um ladrão de banco abre um cofre e tudo o que ele encontra lá dentro são chocolates, ele ficará frustrado*. Da mesma forma, em um esforço para me impedir de comer muito, deixo minhas guloseimas favoritas no carro, em vez de na cozinha;
- Alguns alcoólatras pedem que o minibar do quarto seja esvaziado no momento em que fazem check-in em um hotel;

- O escritor Victor Hugo se concentrava em sua escrita pedindo para um criado esconder suas roupas, assim ele não conseguiria sair.

eu não confio na força de vontade

> Consigo resistir a tudo, exceto à tentação.
> Oscar Wilde

Criar obstáculos como esses é deixar de confiar na sua própria força de vontade. Esta estratégia é baseada no pressuposto de que você não vai conseguir resistir à tentação. Alguém pode dizer que este método mexe com a fraqueza de uma pessoa de uma maneira cautelosa e sutil.

O exemplo mais duro vem da mitologia grega, e é contado em *Odisseia*. O canto das sereias, que são metade mulher e metade peixe, é muito sedutor e atraente, mas o problema é que ouvi-lo resulta em naufrágio e morte. É por isso que Ulisses se preparou para ouvir o canto pedindo que sua tripulação o deixasse amarrado ao mastro do navio; essa atitude era para impedi-lo de se mexer. Ulisses disse para eles: "Se eu implorar que me libertem, só prendam com ainda mais força".

Na série de mangás *Ashita no Joe*, Toru Rikiishi faz a mesma coisa. Enquanto está tentando perder peso, ele implora que seja "trancado em um quarto". Mas, quando a porta é trancada de verdade, ele começa a gritar: "Abram a porta, abram a porta!". Toru Rikiishi sabia que no futuro se tornaria uma pessoa diferente da que era no presente.

passo 16: gaste dinheiro em seu investimento inicial

Comecei a estudar violão no ano passado. Violões para iniciantes custam de 200 a 300 dólares, mas há outros mais caros que custam dezenas de milhares de dólares. Claro que levei meu orçamento em conta, mas queria escolher algo bom. O violão que comprei custa um pouco mais de 5 mil dólares.

Uma abordagem para começar algo novo é experimentar algo barato, o que não acho que seja necessariamente errado. Mas, se você gasta uma certa quantia de dinheiro em uma coisa, abandoná-la seria como um tipo de punição para si mesmo. Um objeto de alta qualidade, feito de bons materiais e com um bom design pode inspirá-lo a melhorar.

Colocar a qualidade em primeiro lugar também é útil para transformar algo em um hábito. Quando está se exercitando, você conseguirá lidar melhor com as dificuldades do período inicial se tiver tênis e roupas que encorajem seu espírito. Troque sua antiga vassoura por uma adorável vassoura feita à mão e será mais fácil começar a enfrentar o problema da limpeza doméstica. Compre um guarda-chuva incrível e a estação das chuvas será um pouco mais divertida. Você não pode subestimar o impacto desse tipo de investimento.

inibidor de bons hábitos: não ter as ferramentas certas

Dizem que o mangaká Osamu Tezuka era muito exigente quando trabalhava em algo. As histórias incluem o fato de ele não ser capaz de desenhar sem comer melão e que, certa vez, ele teria dito: "Preciso do lámen instantâneo de Shimokitazawa". Talvez ele fizesse e dissesse coisas assim para conseguir lidar com o volume esmagador de trabalho que tinha.

Em uma escala diferente: quando comecei a praticar alpinismo, houve momentos em que tive que parar por não ter o equipamento necessário. É útil preparar ferramentas que o façam se sentir bem — e, às vezes, as ferramentas certas são necessárias apenas para ir adiante e começar a subir uma montanha.

passo 17: "vamos por partes"

> O segredo de ir em frente é começar. O segredo de começar é dividir tarefas complexas e esmagadoras em pequenas tarefas administráveis, e então começar com a primeira.
> Autor desconhecido

No que diz respeito a dividir suas tarefas em partes menores, a citação anterior diz tudo. Uma parte é um pedaço sólido e grande de algo. Ir por partes significa dividir algo grande em pedaços menores.

Quando você sente que algo é difícil, significa que vários procedimentos estão emaranhados. Se está relutante em fazer algo, escreva todos os passos necessários para cumpri-lo. Por exemplo: há várias etapas envolvidas no hábito de começar a ir para a academia.

- Comprar roupa de treino;
- Comprar tênis;
- Verificar as mensalidades exigidas e selecionar um programa;
- Levar os documentos para se inscrever;
- Aprender a usar os equipamentos.

Todos estes passos ficam dando voltas em sua mente, criando um transtorno. Você fica se preocupando com as mesmas coisas, e elas vêm e vão em sua mente desta forma: "Vou ter que comprar roupa e tênis se quiser me exercitar. E quanto à mensalidade? Qual programa escolho? Os equipamentos parecem complicados de usar... Mas, bem, antes de mais nada, preciso comprar roupas de ginástica". Quando você começa a escrever cada um dos passos, eles vão parecer mais administráveis. Você vai perceber que ficou remoendo os mesmos passos em sua mente e que, no fim, não há tanto assim com o que se preocupar. Mesmo se conseguir avançar apenas um pouco por dia, em algum momento você alcançará seu objetivo.

como superar o medo de cobras

O psicólogo Albert Bandura desenvolveu um método para superar medos em um curto período. A técnica é "ir por partes". Por exemplo, você quer superar seu medo de cobras. Se uma pessoa diz a você "Tem uma cobra no quarto ao lado. Vamos lá dar uma olhada", naturalmente, você pensa em dizer "Não vou". Em vez disso, uma sugestão é dar uma olhada no quarto com a cobra por meio de um vidro. Depois, você olha lá dentro pela porta entreaberta. Assim que se acostumar com isso, você dará mais um passo, colocando luvas de couro grossas e entrando no quarto para tocar a cobra. Quando for capaz de fazer isso, você, que sempre teve medo de cobras, poderá dizer: "Esta cobra é tão bonita", e poderá colocá-la no colo.

Embora pareça difícil pular direto para a parte de tocar a cobra, é possível avançar pouco a pouco em algo que você nunca pensou ser capaz de fazer.

"ir por partes" para levantar cedo

O mesmo processo se aplica a levantar cedo. Deixar as cobertas de lado e se levantar da cama de repente é o resultado final de um longo processo de despertar. Em geral, é difícil fazer isso no inverno. O processo inteiro se parece com algo assim:

- Primeiro, abra os olhos (seu corpo ainda continua deitado);
- Afaste metade das cobertas;
- Sente-se na cama;
- Levante-se da cama;
- Afaste-se da cama.

Diga a si mesmo que você pode voltar para baixo das cobertas se continuar com muito sono depois de dar esse primeiro passo para longe da cama. As pessoas acabam voltando a dormir não porque decidiram cochilar depois de terem se levantado, mas principalmente porque não foram além nem do primeiro passo e ficaram no estado em que seus olhos nem sequer se abriram.

como convidar alguém para um encontro

Gosto do exemplo de "ir por partes" que está no livro *Mini-hábitos*, do autor Stephen Guise. Por exemplo, como deve convidar alguém de quem você gosta para um encontro?

Primeiro, dê um passo na direção da pessoa com seu pé esquerdo. Depois, dê outro passo com o pé direito. Mantendo os passos, em algum momento, você vai se aproximar ao lugar onde ela está. Ela vai lhe perguntar: "Por que você está andando de um jeito tão estranho?". Essa será sua chance de começar uma conversa com ela.

passo 18: torne seus alvos ridiculamente pequenos

O motivo pelo qual você não consegue parar de jogar um videogame divertido é a estratégia definida pelo nível de dificuldade do jogo. É fácil no início, então, aos poucos, vai ficando mais complicado, tudo isso para alcançar o nível de progresso do jogador. Também não leva muito tempo para você obter uma recompensa no próximo passo em seu desenvolvimento.

Lembro-me bem do momento em que experimentei o desejo de parar de jogar videogame. Foi quando não consegui derrotar o chefão principal, que ficava executando ataques imprevisíveis, independentemente de quanto tempo ou quantas vezes eu ficasse tentando vencê-lo. Você só quer desistir de algo quando, apesar de seus maiores esforços, não obtém a recompensa que merece e lhe deixaria satisfeito. Neste sentido, hábitos são como jogos ruins. O nível de dificuldade é maior no início, fazendo com que seja necessário que você mesmo diminua os obstáculos.

O principal motivo de você não ter se mantido em algo por mais que três dias é que o nível de dificuldade não foi diminuído do jeito adequado. Você faz uma resolução de Ano-Novo e, ansioso para cumpri-la, estabelece vários objetivos e se esforça. Talvez você se sinta como uma nova pessoa por alguns dias, mas, depois de um tempo, vai relutar em continuar.

inibidor de bons hábitos: a consciência das dificuldades

Vamos dizer que você estabeleceu trinta flexões e uma corrida de três quilômetros por dia como resolução de Ano-Novo. O alvo em si é razoável, mas, mais cedo ou mais tarde, antes mesmo de começar a atividade do dia, você não vai conseguir deixar de imaginar a dor nos músculos depois das duas últimas flexões, ou a respiração ofegante no trecho final da corrida.

Naturalmente, suas habilidades atléticas não vão mudar depois de apenas alguns dias, e assim você vai relutar em começar, vai arrumar desculpas e acabará desistindo. Saber que será difícil pode impedi-lo de realmente tentar.

você pode fazer um pouco mais

Como mencionei, a coisa mais difícil a ser feita é começar. Seu cérebro vai ficar motivado depois que você começar. O mesmo se aplica para organizar e limpar a casa. Você provavelmente já ficou na dúvida se ia ou não organizar a casa e acabou limpando tudo depois que começou. O sacerdote budista Sochoku Nagai diz o seguinte: "Assim que você torce um pano de chão, você tende a querer secar aquele ponto, e depois outro, e outro".

Stephen Guise, autor de *Mini-hábitos*, sugere tornar seus objetivos ridiculamente pequenos para que possam ser mais facilmente cumpridos. A fim de começar nesse processo, é inteligente estabelecer o objetivo de fazer uma única flexão, embora você queira alcançar um padrão mais elevado, as trinta flexões. Não é difícil começar fazendo uma flexão por dia, e você pode querer fazer mais dez assim que já estiver na posição.

inibidor de bons hábitos: a sensação de insegurança produzida por um fracasso

Há também outra vantagem em estabelecer objetivos menores. A coisa mais importante ao adquirir hábitos é evitar a sensação de insegurança.

Como vimos no capítulo 1, a emoção negativa da insegurança prejudica sua força de vontade, o que tem um impacto prejudicial em sua próxima ação. Estabeleça o objetivo de fazer apenas uma flexão por dia, que você pode alcançar, em vez de desenvolver uma sensação de insegurança quando realmente não puder fazer mais do que uma.

Quando experimento a insegurança, meu objetivo é simplesmente ir até onde preciso ir ou dar só o primeiro passo do que defini inicialmente. Digo a mim mesmo: "Você pode ir para casa se realmente não tiver vontade de fazer exercício depois que chegar na academia".

A minimalista Seiko Yamaguchi compartilhou o seguinte exemplo: "Minha amiga se sente deprimida às segundas-feiras, e sempre quer tirar o dia de folga". O que ela faz é transformar o ato de 'ir até o escritório e se sentar na cadeira' num objetivo a ser alcançado. Ela consegue sentar na cadeira e começa a trabalhar automaticamente depois disso.

um diário no qual você não quer escrever

A atriz Ryoko Kobayashi escreve um diário em língua estrangeira há mais de cinco anos, para poder praticar o idioma. Ela diz que, claro, há dias em que não sente vontade de escrever. Quando isso acontece, ela começa escrevendo que não sente vontade de escrever naquele dia. Então, as palavras seguintes começam a vir. Ela vai colocando os motivos pelos quais não quer escrever, tais como "Porque eu estava muito ocupada no trabalho". Esta é uma técnica para dar início à atividade de escrever.

passo 19: comece hoje

> Fazer amanhã é um jeito idiota.
> *Operation Love*

Quando deseja transformar algo em hábito, você tende a querer começá-lo no momento mais conveniente. Suas resoluções de Ano-Novo são um exemplo. Por que não podemos fazer as resoluções de Ano-Novo no dia 27 de dezembro? Na verdade, não seria mais eficiente começar lá pelo dia 15 de novembro, quando as ideias para o Ano-Novo começam a surgir?

inibidor de bons hábitos: começar em um "bom" momento

Se fazemos corpo mole no escritório pela manhã, provavelmente diremos a nós mesmos que vamos tirar o atraso no período da tarde ou no dia seguinte. Por algum motivo, pensamos que já estamos em uma situação miserável e decidimos que podemos muito bem continuar assim até começarmos de novo.

As estações do ano são outro motivo para adiarmos as coisas. No inverno é quando tudo fica mais difícil. Pensamos: começarei quando esquentar. Mas, quando chega a primavera, a rinite alérgica torna as coisas complicadas. Então, tem o que chamamos de "doença de maio" no Japão, quando as pessoas começam a perder motivação depois que o novo ano fiscal começa em abril. Chove demais na estação chuvosa, é quente demais no verão, o outono é melancólico demais. Se você quer culpar as estações, é possível fazer isso o ano todo. Por isso, queremos começar algo em um bom momento: podemos nos entregar à alegria da antecipação se continuarmos a pensar que vamos começar amanhã ou na semana seguinte. Este "amanhã" é o rei absoluto do momento conveniente.

Farei isso amanhã. Farei isso depois. Farei isso em algum momento. Mas, quando olhamos da perspectiva de ontem, hoje é "amanhã", assim como o "mais tarde" da semana passada é o "em algum momento" do mês anterior. Então, vamos começar hoje. Nosso objetivo pode ser pequeno. Podemos fazer uma única flexão neste exato momento.

passo 20: faça todos os dias (é mais fácil)

Ir? Não ir? A resposta está decidida. É ir ou ir.
All-Rounder Meguru

Quando você desiste de alguma coisa, é mais fácil desistir completamente. Mas quando se trata de adquirir um hábito, é o oposto — é mais fácil fazê-lo todo dia.

As pessoas acreditam que é mais fácil correr uma vez por semana do que correr todo dia. Isso porque consideram o nível de dificuldade como a soma da quantidade de esforço que cada ação exige. Como há o conceito prévio de que é mais fácil fazer algo duas ou três vezes na semana em vez de todos os dias, escolhemos aumentar gradualmente a frequência com a qual fazemos algo.

Mas, por outro lado, isso aumenta o nível de dificuldade. Você acaba sendo jogado para uma armadilha. E por que isso? Por exemplo, alguém decide correr duas vezes por semana. É isto o que a pessoa vai pensar: "Hoje era o dia de correr? Quando foi a última vez que corri?", "Hoje é o dia da minha corrida, mas não quero. Vou compensar correndo três dias na semana que vem". A pessoa vai fazer vários cálculos e pensar em alternativas, usando uma moeda para tomar a decisão.

você não hesita se é todo dia

Não é necessário debater consigo mesmo sobre fazer algo que já está decidido que será feito todos os dias.

Enquanto continuar praticando essa ação diariamente, ela vai se tornar algo que você quer fazer. Repetir uma ação está no âmago dos passos exigidos para transformar algo em parte da sua rotina. Faça a tarefa todos os dias até que ela se torne um hábito. Assim que se tornar algo que você queira fazer voluntariamente, é possível diminuir sua frequência.

Claro que há pessoas que são incapazes de começar a correr imediatamente. Em uma situação assim, você pode começar caminhando quinhentos metros por dia. E seu objetivo pode ser pequeno, como calçar o tênis de caminhada todos os dias. Também é bom transformar em hábito saltar na estação de trem anterior e caminhar até sua casa.

não vai se tornar um hábito inconsciente se você não fizer todos os dias

Tenho dificuldade em instalar cordas novas no violão, mas não acredito que isso seja muito diferente de amarrar os sapatos. Consigo amarrar meus sapatos sem pensar nisso, mas sempre que instalo cordas no violão, preciso seguir um manual. A diferença está na frequência. Amarro meus sapatos todos os dias, mas não consigo aprender a instalar as cordas do violão porque só faço isso uma vez a cada alguns meses.

Embora quase nunca use gravata, acho que consigo me lembrar de como fazer isso porque costumava usar uma todos os dias enquanto procurava emprego, e dei nós com frequência suficiente para ainda ser capaz de fazer isso sem um pensamento consciente.

inibidor de bons hábitos: pensar que amanhã você será o Super-homem

Quando estamos cansados, ou algo inesperado acontece, pensamos se não seria melhor deixar para fazer as coisas no dia seguinte. É engraçado que, por alguma razão, vamos sentir que de algum modo estaremos diferentes no dia seguinte, como se fôssemos despertar cheios de energia, radiantes, como o Super-homem. Pensamos que, no futuro, seremos capazes de fazer as coisas de um jeito melhor do que no momento atual. Esquemas de cartão de crédito usam com esperteza essa forma de pensar: nos conformamos com a ideia de que compraremos isso hoje, mas que amanhã seremos capazes de administrar melhor nosso dinheiro e economizar.

Há uma história interessante a esse respeito. Algo fez com que as vendas do Big Mac aumentassem dramaticamente quando foram acrescentadas saladas ao cardápio. Aparentemente, muitas pessoas raciocinaram que naquele dia comeriam um Big Mac, mas que no dia seguinte escolheriam a salada. As pessoas ficaram mais dispostas a comprar um Big Mac com a simples inclusão de saladas no cardápio.

Eu mesmo tenho inúmeras falhas, mas continuo pensando que serei uma pessoa diferente amanhã. Então, isso é um problema enraizado. Temos que manter em mente que amanhã faremos as mesmas coisas que fizemos hoje.

e se o dia de hoje continuar a se repetir para sempre?

Dizem que, por 33 anos, Steve Jobs se perguntou todas as manhãs o que ele teria gostado de fazer se aquele dia fosse o último da sua vida.
Eu o imitei por um tempo, mas cansei. Quando quis adquirir um hábito, foi assim que rearranjei essa ideia: "Que tipo de dia eu gostaria de ter se este dia durasse para sempre?". Não serei o Super-homem amanhã, e

farei as mesmas escolhas que fiz hoje. Se hoje for um dia em que planejo adiar as coisas para amanhã, esse dia se repetirá eternamente.

Uma das dez resoluções diárias do pastor presbiteriano Frank Crane era: "Apenas hoje, serei feliz". "Apenas hoje" é o oposto de "Farei amanhã". Não importa se você não vai agir amanhã, o importante é que vai agir hoje. Então, você passa a pensar do mesmo modo a cada novo dia.

passo 21: não abra "exceções" conforme avança

Embora estejamos falando sobre tornar algo um hábito diário, há muita coisa que pode acontecer inesperadamente. Um membro da família pode ficar doente, há também os feriados... Você pode querer esquecer seus hábitos e simplesmente desfrutar o Natal e o Ano-Novo. Por isso, é importante decidir suas exceções com antecedência, em vez de inventá-las conforme avança nos seus objetivos.

inibidor de bons hábitos: criar uma exceção para o dia em questão

Se vai recompensar a si mesmo, você deve fazer isso amanhã, em vez de hoje no calor do momento. Você não vai experimentar uma sensação de insegurança se a recompensa for predeterminada, considerando que terá que manter uma promessa feita a si mesmo. Quando dão de cara com uma recompensa imediata, as pessoas tendem a pensar "Posso começar a melhorar depois disso" ou "Tudo bem, já que hoje é um dia especial". Mas, se continuar a fazer isso, seus hábitos vão se deteriorar rapidamente.

considere as condições que continuam as mesmas

Embora eu ame viajar, não fiz isso por um bom tempo enquanto lutava para adquirir bons hábitos, porque sentia que esses hábitos poderiam se deteriorar em um ambiente diferente antes que eles se arraigassem em mim. Condições que podem mudar incluem falta de uma academia, falta de um tapete de ioga ou não ter uma biblioteca. Mas há algumas condições que não mudam.

Por exemplo, você ainda pode escolher o horário que vai acordar pela manhã, mesmo quando está viajando. É um problema reconstruir seu ritmo depois que você perde o impulso, então continue a acordar cedo mesmo quando estiver viajando. Também levo comigo o meu computador, assim posso atualizar meu diário. Mesmo se não há tapetes de ioga disponíveis, posso simplesmente fazer a Saudação ao Sol no meu futon.

O historiador inglês Edward Gibbon continuou escrevendo enquanto servia no exército. Durante as marchas, ele levava consigo os livros de Horácio e pesquisava teorias filosóficas em sua tenda. Essas podem parecer ações impossíveis, que só um indivíduo muito dedicado faria, mas podemos aprender com elas.

exceções são importantes para apimentar a nossa vida

Depois de um tempo, comecei a achar que minha incapacidade de manter certos hábitos diários durante minhas viagens era, na verdade, útil para ajudar a fixá-los em minha vida.

Quando algo se torna um hábito diário, você passa a não experimentar a sensação de realização que desfrutava no início.

Depois de um tempo, fiz uma viagem doméstica de quatro noites e cinco dias. Mesmo depois de uma viagem curta, precisei de muito esforço para retornar à normalidade e aos meus hábitos.

Trabalhar e ir para a academia podem parecer um fardo. Mas, quando consegue fazer essas coisas, você experimenta a sensação de realização que sentia logo que começou a praticar este hábito. Deste modo, uma exceção ocasional, como no caso de uma viagem, pode trazer um ar de novidade e adicionar um pouco de tempero em sua vida.

passo 22: aproveite que você não é bom nisso

> Tenho certeza de que em dez anos — pelo menos em dez anos — você desejará poder voltar e começar novamente. Recomece o futuro agora mesmo. Você acaba de voltar de dez, vinte ou cinquenta anos no futuro.
>
> Autor desconhecido

Uma vez ouvi a seguinte história: perguntaram a uma mulher de noventa anos o que ela lamentava na vida. A resposta foi: "Eu queria aprender a tocar violino quando tinha uns sessenta anos, mas não fiz isso, achando que era tarde demais". Se ela tivesse começado naquela ocasião, teria tocado violino por trinta anos.

inibidor de bons hábitos: pensar que é tarde demais para começar

Comecei a aprender a tocar violão aos 37 anos. Algumas vezes, me perguntei por que não tinha começado aos quinze. Também comecei a correr maratonas aos 37 e, se tivesse começado aos vinte e registrado um recorde pessoal, eu provavelmente jamais o teria superado.

Mas, para mim, a satisfação é algo que vai além do quão boas são minhas habilidades no violão ou do quão rápido corro uma maratona.

Seja algo simples ou difícil, a satisfação experimentada é basicamente a mesma. Alegria não é algo que se obtém de resultados. É por isso que é bom começar sem ter medo. Estou pensando em aprender a tocar piano. Depois de trinta anos tocando, devo conseguir ficar razoavelmente bom nisso, não acham?

Você quer fazer ioga, mas não consegue. Como mencionado antes, uma desculpa típica será "Porque tenho corpo rígido". Mas dizem que a ioga é mais agradável para quem tem corpo rígido. O que isso significa? Claro que um dançarino com um corpo flexível vai conseguir fazer as posturas no mesmo instante. Mas o propósito da ioga é "juntar" mente e corpo, e não fazer poses impressionantes.

Um indivíduo com o corpo duro vai voltar sua atenção para seu corpo e se tornar ciente da voz que ele liberta. A ioga é algo que pessoas com corpos duros realmente apreciam fazer. Pode ser algo parecido com a inveja que sinto de pessoas que estão prestes a começar a ler *Slam Dunk*.[3]

passo 23: estabeleça gatilhos

Quando adquirimos um novo hábito, é bastante efetivo usar uma prática que já temos como gatilho. Um amigo

---

3 [N. da. T].: Série de mangá escrita e ilustrada por Takehiko Inoue, que conta a história de um time de basquete da escola secundária Shōohoku.

meu diz que faz agachamentos enquanto usa o secador de cabelo todos os dias. Sugiro que você se livre de coisas de que não precisa enquanto escova os dentes. Dá para escovar os dentes com uma mão. Os três minutos que passa nessa tarefa são suficientes para dar uma geral na casa, em busca de coisas das quais você não precisa mais.

inibidor de bons hábitos: não ter um gatilho

Você pode ficar irritado se não está com o visual bem-arrumado, mas isso não vai matá-lo. Provavelmente, falar inglês é uma boa habilidade, mas ainda não é uma necessidade para você sobreviver em uma empresa nacional. É difícil fazer dessas coisas — nos casos em que você não está desesperado — um hábito. Por isso, precisamos criar intencionalmente gatilhos para começar a entrar em ação.

Estudo inglês antes de começar a trabalhar. Sinto culpa se me atraso para a "aula de inglês". É por isso que tento ser pontual.

Meu picles *nukazuke*, uma especialidade japonesa, precisa ser mexido todos os dias, mas é fácil esquecer disso até que se torne um hábito. Eu usava como gatilho olhar para os ovos na geladeira. Como ovos no café da manhã diariamente, então liguei o fato de olhar os ovos a mexer meu *nukazuke*. Trata-se de programar a mente. Escrevo em minha memória que quando faço X vejo

Y. Depois esse meu gatilho mudou para me lembrar de comer *nukazuke* todos os dias.

"formar correntes": unindo hábitos

Quando acordo de manhã, a primeira coisa que vejo é o tapete de ioga que estendi na noite anterior, antes de deitar. Isso serve como gatilho, então vou praticar. Assim que termino, sento no tapete e vou meditar. E, quando guardo o tapete embaixo da minha cama, olho para o chão e é com essa imagem que começo a passar aspirador. Quando termino de aspirar, com minha mente conectada à imagem de limpeza, sigo para o banho. As ações que faço no fim de uma rotina servem como gatilhos para começar o hábito seguinte. Junto todos esses hábitos como se estivesse unindo elos de uma corrente. Chamo isso de "formar correntes".

escrever uma carta para mim mesmo

Já na noite anterior, eu me preparo para a primeira coisa que farei ao me levantar de manhã. No inverno, programo o timer do meu aquecedor para uma temperatura agradável, assim fica mais fácil sair da cama. Estarei com fome e exausto depois de voltar da academia, então já deixo pronto um shake de proteínas com antecedência, para bebê-lo assim que chegar em casa.

Fazer ações antecipadas de modo que esteja preparado para quando precisar de um pouco de resistência é, essencialmente, uma mensagem para si mesmo sobre seguir em frente naquele dia e dar um "tapinha" de conforto nas próprias costas depois. É como escrever uma carta para si mesmo.

passo 24: crie uma grade de horários para adultos

> Um plano o alivia do tormento da escolha.
> Atribuído a Saul Bellow

Um gatilho típico é o tempo. Provavelmente, a maioria das pessoas ajusta o despertador para acordar de manhã, e o som do alarme serve como gatilho para a ação de levantar.

As aulas na escola seguem uma grade de horários. O sinal dispara quando as aulas começam. Uma grade de horários também é muito eficaz para adultos. Deixo meu despertador tocar, não só quando me levanto de manhã, mas também quando vou para a cama à noite.

As pessoas em geral têm dificuldade para se levantar de manhã porque não dormiram o suficiente. Muitas delas gostam de um pouco de diversão antes de ir para a cama, mas, se a diversão é exagerada, vamos dormir cada vez mais tarde. É necessário ter alguém ou alguma coisa que nos dê um empurrãozinho.

Logo que comecei a adquirir hábitos, mapeei a maior parte do meu dia em uma grade de horários. Vou para a biblioteca às 9h30. Almoço às 11h30. Meu despertador toca às 21h30, quando vou para a cama, e novamente às 5h30, quando acordo.

B. F. Skinner, fundador da psicologia behaviorista, viveu sua vida como se fosse um experimento. Ele começava e parava de escrever segundo seu despertador. Usava um relógio que podia medir o tempo total que passava em sua escrivaninha, e colocava o número de palavras que escrevia a cada doze horas em um gráfico, para tentar conseguir um entendimento preciso do quanto produz por hora. Um dia, ele percebeu que, em geral, despertava à meia-noite, e então começou a usar um despertador para acordar e poder usar esse tempo para escrever.

é estúpido agir segundo uma grade de horário?

Sou solteiro, moro sozinho e amo minha liberdade. Naturalmente, eu costumava achar estúpido criar uma grade de horários e fazer coisas segundo meu próprio cronograma. Um aluno do primário cria uma grade de horários antes das férias de verão, por exemplo. E não me lembro de jamais ter sido capaz de seguir minha programação como planejado. E se, de repente, tivesse algo que quisesse fazer? Eu odiaria limitar minha liberdade ao tempo — pelo menos era isso que eu pensava.

No entanto, se não decidir um horário para levantar, acabarei ficando na cama pensando se devo levantar naquele momento ou se tudo bem continuar dormindo. Se não decidir que horas ir para a cama à noite, haverá momentos em que ficarei entretido com um filme ou um mangá, dizendo a mim mesmo: "Só mais um episódio". A psicologia do desconto hiperbólico é escolher a recompensa imediata apesar do arrependimento inevitável na manhã seguinte.

estipular um tempo para navegar na internet

Acesso notícias on-line e olho as redes sociais, mas decidi estipular um horário de parar porque a internet é muito compatível com o cérebro humano. Meus amigos estavam tuitando:

"Eu estava procurando o significado de uma palavra em inglês que não tinha entendido e, antes de perceber, passei dez minutos assistindo a um vídeo de um vulcão em erupção."

"Eu estava pesquisando um simples equipamento de iluminação. Quando percebi, estava assistindo a um vídeo sobre um sobrevivente perdido no meio do nada."

O cérebro gosta de se entreter. Ele se interessa por várias coisas, e pula para outros assuntos sem contexto. De uma palavra em inglês para um vulcão, de iluminação para sobrevivência. A internet proporciona respostas para essas transições nas quais seu cérebro está interessado, então você não consegue parar a menos que tenha um tempo predeterminado para isso.

a maioria dos escritores e artistas trabalha com regularidade

Como mencionei antes, muitos dos gênios apresentados no livro *O segredo dos grandes artistas* têm rotinas regulares. A maioria deles são pessoas diurnas que passam a manhã fazendo trabalhos criativos.

Por exemplo, aqueles que conhecem o artista Francis Bacon já podem ter visto seu ateliê, tão cheio de tintas e outros suprimentos artísticos que mal parece sobrar um único espaço vazio. Julgando pelo seu ateliê e pelo seu estilo apaixonado, seria possível imaginar que ele levava um estilo de vida bastante desregrado, mas suas horas de trabalho eram predeterminadas com precisão. Ele acordava ao amanhecer e trabalhava até o meio-dia. Ele bebia o restante do tempo, o que parece ser desregrado, mas tinha estabelecido um tempo para trabalhar todos os dias.

No começo deste livro, falei sobre a dor de ter muita liberdade depois que me tornei freelancer. Sinto que é necessário, até um certo grau, disciplinarmos nosso tempo. Os gênios não são pessoas que trabalham no calor do momento. São pessoas que decidiram de forma diligente separar um tempo para trabalhar em seus respectivos ramos.

os efeitos de um deadline

Um deadline é um tipo de grade de horários que você vê em um período estendido de tempo. Como editor, eu ficava louco por ser perseguido por deadlines, e decidi não estipular um para completar este livro. Foi um lindo sonho decidir uma data de lançamento e publicar só depois que terminasse o original.

Embora eu acreditasse que os prazos eram cruéis, mudei um pouco de ideia desde então. Dependendo de como você o usa, o deadline pode ser tanto um anjo quanto um demônio. É como um superior que o reprime quando você precisa. Pensando bem, até nossas vidas têm um deadline. Por causa disso, não queremos passar nossos dias à toa.

use uma grade de horários para entender as limitações

Há muitas outras vantagens em criar e manter uma grade de horários. Uma delas é permitir que você tenha uma noção precisa da quantidade de trabalho que faz em um dia.

Segundo uma pesquisa, as pessoas gastam 50% mais tempo do que pensavam fazendo algo necessário para atingir seus objetivos. Em outras palavras, nós superestimamos nossa capacidade. Na verdade, levamos duas semanas para fazer um trabalho que planejamos fazer em dez dias. Este é outro exemplo da nossa ilusão de que podemos ser o Super-homem. É esse também é difícil admitir.

Na época em que eu era um editor ocupado, achava que podia fazer muito progresso se fosse ao escritório nos finais de semana, quando ninguém estava por perto para me atrapalhar ou interromper meu trabalho, mas, na realidade, as coisas geralmente não saíam como o esperado.

Quando viajava, eu colocava na mala vários livros para não desperdiçar tempo, mas, às vezes, não conseguia terminar nem o primeiro deles. Acabava criando pilhas de livros sem ler, porque subestimava meu volume de leitura e superestimava o tempo que meu interesse podia ser mantido.

torne evidentes as coisas que não podemos fazer

Ao criar uma grade de horários e segui-la com precisão, começamos a ver o quanto de esforço uma tarefa exige, o tamanho da exaustão que ela provoca e o quanto de descanso precisamos para nos recuperar.

Vemos quanto de um hábito precisamos praticar para obter uma sensação de satisfação. Também podemos perceber, quando a grade de horários fica lotada, que para acrescentar alguma coisa precisamos desistir de outra.

Embora eu seja o tipo de pessoa que gosta de aumentar gradualmente minhas áreas de interesse, não estou fazendo muito isso no momento.

Houve uma época em que tentei construir uma casa móvel, no estilo "faça você mesmo", na traseira de uma caminhonete pequena, até perceber que aquilo não cabia na minha grade de horários.

No passado, certamente teria me culpado por me sentir inútil. Mas, como eu já estava trabalhando com uma grade de horários, pude ver claramente que não havia espaço para mais este projeto, e que eu deveria priorizar outras coisas.

Trabalhar com uma grade de horários deixa visível a quantidade total de energia que você tem e as coisas das quais é capaz de fazer em um dia. Do mesmo modo que você precisa verificar quanto dinheiro tem a fim de fazer uma compra com responsabilidade, é muito importante saber seus limites.

Também considero útil criar uma grade de horários para os finais de semana e segui-la à risca, seja você um estudante muito ocupado ou um membro do mundo corporativo. Uma coisa é fato: é divertido ver nossa grade de horários antes das férias de verão, como se ainda fôssemos crianças.

decida quando se preocupar

Uma grade de horários desempenha outro papel importante. Quando seu dia não está dividido em horas, o tempo que você passa se preocupando com algumas coisas e o tempo que passa se sentindo inseguro também não entram na conta.

Se você age de acordo com uma grade de horários, significa que já decidiu o que vai fazer em cada momento do dia. Se não determinou o tempo que vai passar trabalhando, pode acabar se preocupando o dia todo com essa tarefa.

Se segue uma grade de horários, você tem fisicamente pouco tempo para se preocupar. Isso porque pensar e se preocupar são coisas que as pessoas não fazem quando estão agindo, mas sim quando estão ociosas. Atualmente, passo menos tempo sendo negativo e me importando de forma excessiva com a mesma coisa.

Provavelmente, há muitos hábitos que você não consegue desenvolver por causa de vários fatores. Quando isso acontece, podemos dizer que está priorizando X em vez de dizer que é incapaz de fazer algo por causa de X. Você não está sendo impedido de fazer uma coisa, está fazendo uma escolha ativa de priorizar outra. Por exemplo, muitas pessoas priorizam os filhos, o que as leva a abrir mão de outras tarefas ou obrigações. Pensar que você não pode fazer algo por causa de X traz sofrimento emocional, e as emoções são a coisa mais importante para você.

passo 25: ninguém tem o poder de se concentrar

Durante o processo de escrever este livro, tentei reparar quanto tempo minha concentração durava. Verifiquei o intervalo que passava desde que começava a escrever até minha concentração acabar e meus dedos se afastarem do teclado. A média foi de vinte minutos, e pensei comigo mesmo que eu sofria de falta de concentração, mas esse poderia não ser necessariamente o caso.

Um vídeo de palestra on-line é limitado a dezoito minutos. Esta regra é baseada no pressuposto de que, não importa o quão interessante um assunto seja, as pessoas só vão ouvir com atenção durante esse tempo.

Na técnica Pomodoro, um método de concentração, a duração é basicamente a mesma. Você define seu timer para 25 minutos e se concentra em fazer algo dentro desse período. Assim que o tempo termina, você faz um intervalo curto, cerca de cinco minutos. Repete isso quatro vezes e, a cada duas horas, faz uma pausa maior.

Ainda que eu tente não pensar enquanto medito, minha consciência vai inevitavelmente começar a divagar. É assim que nossa consciência funciona, então é difícil se manter focado por longos períodos.

Mesmo levando em conta os desafios da concentração, usar uma grade de horários ainda pode ser útil. Charles Duhigg, autor de *O poder do hábito*, senta diante de sua escrivaninha de oito a dez horas por dia. "Sento em minha escrivaninha por um longo período, não importa se isso me deixa feliz ou infeliz, e, depois de um tempo, o trabalho se desenrola." Você primeiro decide um horário para se sentar em sua escrivaninha, sem ficar pensando se isso é divertido. Enquanto estiver sentado, você em algum momento vai retornar à tarefa que tem diante de si, quer sua concentração acabe, quer você comece a bocejar.

Decidi não aceitar o desafio imprudente de aumentar minha capacidade de concentração. Claro que a capacidade de concentração de alguém pode ser aumentada, e há diferença entre os indivíduos. Mas comecei a pensar que é mais benéfico trabalhar baseado na crença inicial de que as pessoas não têm o poder de se concentrar.

Como Charles Duhigg, o escritor de livros policiais Raymond Chandler também procurava se sentar à sua mesa mesmo quando não conseguia escrever. Sua concentração pode continuar a ser interrompida diversas vezes, mas, no fim do dia, você tende a ter algum resultado, mesmo se forem apenas fragmentos.

passo 26: aja de acordo com a data

Agir de acordo com a data é uma variação de "agir segundo uma grade de horários". Todo mês, separo um dia para tratar de assuntos aleatórios. Embora eu tenha poucas posses, preciso fazer uma faxina uma ou duas vezes ao mês; é quando faço tarefas de limpeza de nível médio. Nesses dias, também arrumo meus recibos, organizo os arquivos no meu computador e, às vezes, digitalizo documentos. Embora não precisem ser feitas todos os dias, tarefas assim vão se tornar um problema se deixadas de lado por muito tempo. Elas farão você pensar: "Ah, não quero fazer isso".

Embora essas tarefas não sejam interessantes quando olhadas individualmente, podem proporcionar uma sensação de realização quando concluídas todas juntas. Assim, você pode eliminar a leve irritação que em geral sente ao deixá-las de lado, o que vai se tornar um incentivo para seus hábitos usuais.

o dia que você "tiver tempo" nunca vai chegar

Assim como arrumar a casa, tendemos a pensar que faremos nossos afazeres "algum dia" ou quando as coisas se acalmarem, imaginando uma época menos ocupada quando, talvez, tenhamos menos coisas para fazer.

Tendo vivido por 38 anos, eu nunca pensei "Ah, agora tenho tempo. É isso, esse é o momento que sempre imaginei que chegaria". É provável que não exista uma época assim. Por isso é ideal definir uma data com antecedência se há algo importante que você queira realizar. Por exemplo, veja a agenda cuidadosamente planejada de um sacerdote zen:

- Dias que contêm um quatro ou um nove são para raspar a cabeça e para fazer limpeza na casa;

- Dias que contêm um, três, seis ou oito são para orar.

Se suas tarefas e responsabilidades são determinadas por data, não há necessidade de pensar, por exemplo: "Meu cabelo está começando a crescer. O que devo fazer agora? Devo cortar amanhã ou esperar até semana que vem para fazer isso?". Você pode agir sem usar a consciência.

Também é bom deixar registrado em sua agenda com antecedência quando vai começar a ir à academia ou quando pretende fazer algo diferente ou especial (enquanto escrevo isso, anotei em meu caderno de bolso: "Ir ao dentista".)

Também é útil basear suas ações nos dias da semana. Um amigo meu faz o trabalho do qual não gosta às sextas-feiras. Nas segundas, essas tarefas lhe parecem difíceis demais. Então, ele cuida de assuntos desinteressantes quando está de bom humor, ansioso pelo final de semana.

aprecie compromissos consigo mesmo

Ao agendar suas tarefas e responsabilidades, é importantíssimo dar prioridade máxima a compromissos consigo mesmo. Recomendo fazer uma anotação antecipada em sua agenda (é fácil repetir seus compromissos mensalmente se você usa um aplicativo).

Devemos considerar os compromissos com nós mesmos como se fossem com nosso amigo mais querido. A menos que uma circunstância realmente especial ocorra, devemos pensar com cuidado antes de quebrar uma promessa com uma pessoa especial quando tivermos outros convites ou outras distrações.

Quando tiver compromissos com você mesmo, esteja motivado e prepare-se para fazer coisas que não faria normalmente. Um compromisso consigo também é importante, ainda mais quando você é uma pessoa com quem raramente "se encontra".

passo 27: estabeleça uma recompensa temporária

> O homem sábio declarou: "Deixe sempre um homem estudar a Torá, seja para seu próprio bem ou não; mesmo que a princípio não seja para seu próprio bem, o estudo o levará a isso".
> Maimônides

Assim como acontece com exercícios ou dietas, quando estamos tentando adquirir um hábito, não vemos os resultados imediatamente, o que pode ser desencorajador. Por isso, acredito que seja útil estabelecer uma recompensa temporária.

Quando me mudei, tive que trocar de academia. A academia nova ficava aberta 24 horas por dia;

isso significava que eu teria mais oportunidades para me exercitar. Na verdade, comecei a ir com menos frequência. Por algum motivo, simplesmente não tinha vontade de ir. Enquanto tentava descobrir a razão, a resposta me ocorreu de repente. A nova academia só tinha chuveiros, enquanto a academia com a qual eu estava acostumado tinha uma grande banheira a céu aberto. Sem perceber, tinha transformado o ato de mergulhar na banheira após os exercícios na minha recompensa.

exemplos de recompensas temporárias

Às vezes, nos dias dedicados a tratar de assuntos variados, vou ao cinema como forma de me recompensar. A escritora Mitsuyo Kakuta completou uma maratona aos 43 anos e, desde então, vem arrasando em vários esportes. Em um ensaio, ela escreve sobre a importância da recompensa: "Sair para beber, comer coisas calóricas, fazer procedimentos estéticos, fazer uma boa massagem. Acho que a coisa que está 'esperando por você depois que este sofrimento acabar' é consideravelmente importante".

- Uma cerveja bem gelada logo depois de finalizar seus exercícios;
- Um bolo delicioso no café da manhã como recompensa por acordar cedo.

O efeito desse tipo de recompensa temporária não pode ser desconsiderado. E, como Maimônides dizia, enquanto continuarmos a perseguir nossa recompensa, transformar algo em um hábito também vai parecer ser uma recompensa. Então, seremos capazes de manter nosso hábito, mesmo sem uma recompensa.

inibidor de bons hábitos: dar uma recompensa conflituosa para si mesmo

O problema com as recompensas é que, conforme for obtendo os resultados que deseja, é mais provável que você deixe de se esforçar tanto. Em um determinado estudo, pessoas que estavam fazendo dieta foram divididas em dois grupos e tinham que escolher entre uma maçã e uma barra de chocolate. O primeiro grupo foi pesado, e 85% dele, ao verem o resultado de sua dieta, escolheram o chocolate. Por outro lado, apenas 58% das pessoas do grupo que não foi pesado, e que, portanto, ficou sem saber seu progresso, escolheram o chocolate.

Esta história atinge um ponto crucial. Eu também fico um pouco mais relaxado com minha forma quando percebo que perdi peso. As pessoas dão a si mesmas recompensas que entram em conflito com seus objetivos quando têm sucesso.

Provavelmente, é melhor dar a si mesmo uma recompensa em uma categoria diferente a que objetivo pertence. Quando eu estava tentando parar de beber, às vezes, comprava um sorvete como recompensa se fosse capaz de me controlar e não comprar uma bebida na loja. É como cobrir um remédio amargo com açúcar; você combina o hábito que está tentando adquirir com uma recompensa. Embora eu sinta que as recompensas temporárias sejam eficientes no início, é importante considerá-las estritamente como uma medida temporária, até que você possa sentir as recompensas reais de seu hábito recém-desenvolvido.

passo 28: faça bom uso da atenção das pessoas

> Você me faz querer ser um homem melhor.
> Do filme *Melhor é impossível*

É importante fazer o que você sente vontade de fazer sem se preocupar com o que as pessoas vão pensar ou como elas vão enxergar você.

Quando comecei a refletir sobre hábitos, comecei a perceber que a atenção das outras pessoas não era algo com que eu deveria me importar. Em vez disso, poderia usar essa atenção para alguma coisa útil. Esse é o passo mais efetivo para adquirir hábitos.

As pessoas tendem a julgar as recompensas diante de si em vez das que aguardam no futuro. Isso é um instinto humano básico, mas podemos contra-atacá-lo fazendo um bom uso da atenção das pessoas.

faça um bom uso da atenção das pessoas ao seu redor

Começarei a explicar este tópico oferecendo um exemplo bastante comum. Uma amiga minha costuma dizer que cuida muito mais do cabelo quando seu cabeleireiro é bonito.

Não é provável que você tenha resultados dos cuidados com o cabelo em um curto período. Como as recompensas estão muito distantes, há momentos em que você vai falhar em manter essa dedicação.

Mesmo quando não temos consciência de que as pessoas ao nosso redor são atraentes, tendemos a perceber sua atenção conosco. Essas pessoas poderão ficar desapontadas se não cuidarmos do cabelo direito, e vão nos elogiar se nos esforçarmos para fazer isso.

Há várias coisas que podem ser vistas como recompensas; entre elas está a interação com os demais e o julgamento dos outros. Por que nos preocupamos tanto com o jeito como os outros nos veem?

por que nos preocupamos tanto com o julgamento dos outros?

É fácil achar que nossa preocupação com o julgamento dos outros está relacionada à necessidade de fazermos parte de um grupo, de uma força maior para nossa existência.

Como os humanos passaram grande parte da história em comunidades compostas de dúzias de membros, nos preocupamos terrivelmente com a nossa posição e as nossas avaliações dentro desses grupos. Como algumas pessoas jamais poderiam caçar sozinhas, a exclusão de tais grupos seria considerada uma ameaça à vida.

Mesmo pessoas altamente intelectualizadas reagem fortemente quando criticadas por perfis anônimos, que nada representam para elas. Ser criticado nas redes sociais é semelhante a ser objeto de fofoca nas pequenas comunidades em que as pessoas costumavam viver. Elas são "arrastadas para baixo" de suas posições.

Pessoas gostam de fofoca porque a fofoca, e os rumores maldosos, lhes oferecem um gosto de mel.

como o senso de comunidade pode influenciar as pessoas

Apesar de todos os riscos, às vezes até de morte, as pessoas em algum momento ainda vão responder aos anseios de suas comunidades. Em 1964, estudantes universitários de todos os Estados Unidos se inscreveram para participar do Projeto de Verão do Mississipi, uma ação de registro eleitoral para pessoas negras.

Diante do perigo representado pelos brancos radicais (três voluntários chegaram a ser mortos naquela ocasião), trezentos entre os mil estudantes que tinham sido aceitos desistiram.

O sociólogo Doug McAdam estudou as diferenças entre os estudantes que desistiram e aqueles que participaram mesmo cientes dos riscos existentes.

Primeiro, não havia diferenças significativas na motivação dos voluntários que participaram. Fatores como status civil e de trabalho também eram irrelevantes. A diferença era a comunidade à qual os estudantes pertenciam. Aqueles que participaram do projeto pertenciam a comunidades que esperavam que eles fossem para o Mississipi.

Doug McAdam notou que, quando as pessoas tinham amigos e conhecidos em uma comunidade religiosa ou política, por exemplo, seu status social ficava significativamente prejudicado se não fossem. Uma das consequências era que os estudantes perderiam o respeito daqueles que eram importantes para eles. Claro, havia também os apaixonados pela igualdade racial.

Mas isso não era tudo; o desejo desses estudantes de manter a reputação em sua comunidade era o incentivo necessário para participarem de algo tão arriscado.

o único jeito de obter resultado nos esportes

Se você deseja obter resultado nos esportes, é crucial pertencer a uma equipe de alto desempenho. O sociólogo Daniel Chambliss passou seis anos acompanhando nadadores profissionais em seus treinos e entrevistando-os. Ele afirma que não há outra opção além de entrar em uma grande equipe se seu objetivo é se tornar um grande nadador. "Quando você está em um ambiente onde todo mundo ao seu redor se levanta às quatro da manhã e vai treinar, será natural começar a fazer isso também. Torna-se uma predisposição", diz ele.

Quando você pertence a uma equipe de alto desempenho, é possível manter o ritmo do grupo e melhorar por meio da rivalidade amistosa. O mesmo se aplica ao público em geral. Se você vai correr em volta do Palácio Imperial, será mais fácil manter o ritmo se encontrar alguém para acompanhá-lo.

use a comunidade nas redes sociais

Para se sentir motivado, é efetivo usar não só a comunidade física, mas também a comunidade nas redes sociais. Na primeira vez que tentei participar de uma maratona completa, tuitei minha intenção. Foi uma decisão bem consciente. Eu planejava tuitar os resultados da maratona também.

Minha primeira maratona, em Naha, foi difícil, e só metade dos corredores conseguiu completar a prova sob aquele calor arrasador. Fiquei com câimbras nas duas pernas e meus pés incharam dentro do tênis. Na época, tinha cerca de cinco mil seguidores no Twitter, e a ideia de desapontá-los se eu desistisse me ajudou a terminar a corrida. Eu poderia ter me retirado no meio da prova se tivesse participado sem que ninguém soubesse.

como Sō Takei consegue continuar a lutar?

Apesar da vida agitada no show business, dizem que Sō Takei separa uma hora por dia para o treino físico e outra hora para pesquisar coisas que não sabe. Ele é capaz de fazer isso porque não quer desapontar seus seguidores (1,3 milhão enquanto escrevo isto). Mas você não precisa de um público tão grande quanto o do sr. Takei.

Você pode usar pequenos grupos de dezenas de pessoas, ou vilarejos, como unidade de comunidade, e continuar sendo eficaz mesmo que tenha apenas as expectativas de uma única pessoa como motivação.

uma comunidade pode ser formada por uma única pessoa

Uma vez decidi cortar os doces da minha dieta e formei a "liga do jejum do açúcar". Um amigo, que também tentava cortar os doces, e eu prometemos contar um ao outro se não conseguíssemos resistir à tentação. Tornamos as penalidades claras e fáceis de entender. Pode parecer terrível, mas falei para ele "Se quebrar essa promessa, vou olhar para você desta forma: 'Af, você não serve para nada'". O mesmo valia para mim. Era útil imaginar o rosto desse meu amigo sempre que eu pensava em comer um doce. Ele conseguiu permanecer sem doce até hoje.

Recentemente, descobri um sistema chamado "leitura em dupla", no qual duas pessoas leem o mesmo livro por um tempo predeterminado, trinta minutos, por exemplo. Então as duas discutem. Elas não precisam se encontrar pessoalmente, podem discutir on-line. Apesar das restrições de tempo, elas precisam conseguir uma compreensão profunda do livro para poderem conversar sobre ele, e devem organizar seus pensamentos, o que torna possível ler com mais motivação do que no caso de uma leitura solitária.

suas ações vão mudar se você não estiver sendo observado

A conduta de uma pessoa muda em um grau assustador quando suas ações ou seus resultados são vistos e quando não são vistos.

- Uma pessoa vai corrigir sua postura e controlar seus modos se estiver sendo observada;
- Uma pessoa vai progredir no trabalho se há outras pessoas ao seu redor, como em um café ou em uma biblioteca, e fará corpo mole se estiver em casa;
- É fácil falar mal de alguém quando é um comentário anônimo;
- Uma pessoa pode ficar mal-humorada ou cantar em voz alta se estiver em um espaço fechado, como dentro de um carro.

As pessoas se preocupam se estão sendo observadas por outras. Preocupar-se com a reputação em uma comunidade é um instinto humano. Embora às vezes seja cansativo se preocupar com a opinião dos outros sobre nós, dá para usar este instinto de forma consciente para produzir uma força tremenda.

passo 29: faça uma declaração antecipada

Fazer uma declaração antecipada sobre algo que você devia fazer é uma variação do método de usar a atenção das pessoas para se motivar, e produz resultados efetivos.

Quando Yuzuru Hanyu participou do campeonato japonês de patinação artística, em 2008, ele acabou em oitavo lugar e fez a seguinte declaração: "O Japão tem a medalha de ouro olímpica conquistada por Shizuka Arakawa, então eu gostaria de me tornar o segundo japonês medalhista olímpico de ouro". Ele tinha catorze anos na época e, embora seu comentário tenha sido visto como palavras de uma criança e não tenha sido muito divulgado, sabe-se hoje que Hanyu é muito bom em usar esse tipo de poder das palavras.

Eu também fiz uma declaração antecipada quando resolvi escrever este livro. Vou admitir aqui que finalmente comecei a levar a empreitada a sério depois que escrevi em meu blog, com antecedência, que "os hábitos serão o tema do meu próximo livro". Criar um deadline é a mesma coisa que fazer o uso de uma comunidade, porque deixar de cumprir um deadline causa problemas para todas as pessoas envolvidas.

Você dá andamento às coisas se fizer uma declaração pública porque não quer que as pessoas pensem que é um mentiroso ou um preguiçoso. Sem uma declaração ou um deadline, duvido que este livro teria sido publicado.

crie penalidades com compromissos

Ian Ayres, autor de *Carrots and Sticks: Unlock the Power of iIncentives to Get Things Done* (*Uma cenoura na varinha: Destrave o poder dos incentivos para conseguir fazer as coisas*, em tradução livre), criou uma plataforma para esse sistema de fazer declarações antecipadas. Você também pode definir grandes penalidades por não atingir seus objetivos; por exemplo, se resolver perder uma certa quantidade de peso e fracassar, você tem que pagar mil dólares. Também é eficiente definir penalidades como fazer uma doação para um grupo político que você odeia se fumar um cigarro enquanto tenta parar. No serviço de Ayres, você registra os detalhes on-line, e terceiros avaliam seu progresso.

Isso é eficaz para questões como fazer dieta ou parar de fumar, com as quais você fica feliz se tem êxito, mas não encara grandes problemas se não conseguir. Com objetivos como estes, é importante tornar os detalhes e as penalidades bem grandes. Caso contrário, você acabará dizendo: "Então, eu posso parar a dieta se pagar cem dólares, certo?". Este sistema de compromisso é usado em algumas academias, as quais têm membros que pagam grandes quantidades de dinheiro adiantadas justamente por isso.

passo 30: pense e aja na terceira pessoa

> Por mim, tudo bem, mas eu me pergunto o que Yazawa diria?
> Eikichi Yazawa

Nós não temos só uma personalidade.
Como mencionei antes, nosso cérebro tem um sistema quente instintivo e um sistema frio lógico; e quando um é ativado, o outro é desativado. Devemos nos lembrar que é essa "sessão parlamentar" mantida na consciência que guia nossas ações.
Para tentar controlar nossas ações, pode ser útil dar nomes a essas duas forças, como o músico Eikichi Yazawa faz. Sou monitorado pelo meu outro "eu". "Ah, isso é uma chatice, quero desistir. Mas o que o Fumio diria?"
Há várias maneiras de pensar e agir na terceira pessoa.

- É um "você" do futuro quem analisa.

Yoshiki Ishikawa, um médico especializado em medicina preventiva, diz que quando você se sente tentado por alguma coisa, "a pessoa que serei em trinta anos me questiona sobre essa questão". Quando dá de cara com uma escolha entre beber ou se concentrar em sua pesquisa, ele acha que fica mais fácil escolher estudar ao perguntar a si mesmo a partir da perspectiva de quem ele será no futuro.

- A pessoa que cuida de você.

A escritora Gretchen Rubin diz que, quando não tem certeza se aceita uma tarefa, ela pondera: "O que minha gerente dizia?". No filme *Três lembranças da minha juventude*, há uma fala mais ou menos assim: "Dirija-se a si mesmo como um irmão mais velho que cuida de você". Pode ser útil pensar nas coisas como se você fosse seu irmão mais velho, alguém que não pega leve com você e que, às vezes, lhe dá conselhos duros.

- Uma câmera imaginária

"O que eu faria se estivesse no meio das filmagens de *America's Got Talent*?". "O que eu faria hoje se tivesse que me preparar para uma sessão de fotos para a *Vogue*?". Eu não ficaria largado por aí ou enfiando o dedo no nariz se estivesse prestes a subir no palco diante de juízes e de uma audiência ao vivo. Eu seria extremamente diligente com minha rotina de cuidados com a pele se fosse aparecer em uma foto colorida de página inteira na próxima edição da revista.

- O que uma pessoa que você respeita faria?

Billy Wilder, conhecido por dirigir filmes como *Quanto mais quente melhor*, tinha um aviso em seu escritório que dizia: "O que Lubitsch faria?". O diretor de cinema Ernst Lubitsch havia sido o mentor de Wilder. Quando ficava preso em um roteiro, Wilder considerava as coisas a partir da perspectiva de seu mentor. Mentores mudam a cada geração. Dizem que o diretor japonês Koki Mitani pensava: "O que Billy Wilder faria?".

Uma pessoa de muita fé provavelmente tem muito autocontrole; talvez ela sinta que, mesmo que ninguém a esteja observando fisicamente, é sempre observada por Deus. Esta ideia é expressa na frase em japonês *"Otento-sama ga miteiru"*, que significa que o sol ou Deus está observando você. Considerar as coisas a partir da perspectiva de terceiros de vez em quando não é uma técnica que vai mudar você fundamentalmente, mas é um jeito de conseguir uma pausa em um momento difícil, crucial.

passo 31: pare no meio de algo

Quando os hábitos estão prestes a se consolidar, tenho uma sensação de contentamento. Por exemplo, quando faço exercícios, sinto que posso continuar correndo para sempre. Mas se decido testar meus limites e correr até ficar exausto, sei que ficarei com a impressão de que correr é extenuante demais, o que terá impacto na minha próxima corrida.

Mais importante do que qualquer coisa é dar continuidade aos nossos hábitos, então paro quando penso que quero fazer mais. Paro quando estou lá pelos 80%. Desta forma, interrompo a ação com a impressão de que é divertida. Não treino violão nem estudo inglês até que se torne exaustivo. Por causa disso, fico motivado a estudar e a praticar novamente no dia seguinte. Não avanço em algo que deixa de ser divertido.

É claro que os músculos se desenvolvem mais quando vão além dos limites e doem. Atletas de ponta passam por treinos exaustivos, muito além de suas zonas de conforto, mas esse tipo de atitude é para depois, em um futuro no qual já adquirimos nossos hábitos. Antes disso, parar no meio de alguma coisa é eficaz para desenvolver um novo hábito.

Hemingway também parava

Hemingway também parava no meio das coisas. Ele falou sobre este estilo de trabalho certa vez, em entrevista para uma revista: primeiro, ele lia o que tinha escrito antes. Já que sempre parava de escrever em um ponto no qual sabia o que aconteceria na sequência, continuava a escrever a partir dali. E como ainda tinha energia de sobra, continuava escrevendo enquanto sabia o que aconteceria na sequência, e então parava.

Hemingway tinha experiência com a dificuldade de dar início a algo. Então, se começasse a partir de onde sabia o que aconteceria, não precisava lidar com este problema. Assim que conseguia começar a escrever, o cérebro se concentrava. Isso também pode ser aplicado aos negócios.

Embora nossa tendência seja a de querer terminar um trabalho e ir para casa depois que conseguimos fazer um bom progresso, isso significa que teremos que recomeçar no dia seguinte. Se você está escrevendo uma proposta, em vez de terminá-la, pare em algum lugar no meio do caminho a fim de conseguir um bom início de trabalho no dia seguinte.

Haruki Murakami é disciplinado no que se refere a parar no meio de algo

Haruki Murakami compartilha dessa filosofia, e é rigoroso a esse respeito. Ele diz que para de escrever quando alcança quatro mil caracteres (dez páginas em papel manuscrito japonês).

Ele explica em uma longa entrevista que concedeu a uma revista: "Sempre escrevo dez páginas, mesmo quando estou na oitava página e não consigo escrever mais. Depois disso, não escrevo mais, mesmo que tenha vontade. Guardo este desejo de escrever para o dia seguinte". Mesmo se escreveu seis páginas e terminou um capítulo com um acontecimento dramático, ele continua a escrever as quatro páginas do capítulo seguinte. Em resumo, ele escreve uma quantidade de páginas predeterminada e não para onde é conveniente para o conteúdo.

O romancista Anthony Trollope diz: "Uma pequena tarefa diária, se realmente for diária, vai ultrapassar os trabalhos de um Hércules intermitente". Parece bom fazer muita coisa em um dia. Mas, em vez de embarcar em uma aventura ocasional, concentre-se em passos pequenos e diários e você chegará a um destino muito mais distante no longo prazo.

passo 32: não pare completamente. Mantenha o ritmo

> Cada lapso é como deixar cair um novelo de lã que foi enrolado com cuidado; um único deslize desfaz mais voltas do que somos capazes de refazer.
> William James

Quando os times de beisebol profissional do Japão terminam a temporada, todos os jogadores retornam para sua cidade natal. Mas, mesmo fora da temporada, Ichiro Suzuki aparece sozinho no campo e começa a treinar. "Uma vez eu tirei folga. Para ver se ajudaria, fiquei um mês sem me exercitar. Então, meu corpo não parecia ser mais o mesmo. Era como se ele estivesse doente", conta.

Ichiro tentou vários métodos diferentes, mas, por fim, começou a fazer exatamente o oposto do que os outros jogadores costumavam fazer. Ele é alguém que busca a verdade. O que é importante para ele é não desistir completamente.

O romancista John Updike também tem o hábito de escrever todos os dias, em vez de esperar o dia em que irá se sentir inspirado. O motivo é que há tanta coisa que pode ocupar um escritor que "você pode passar sua vida sendo um escritor e, mesmo assim, se livrar totalmente da escrita".

um javali que você vê pela primeira vez no ano parece mais perigoso

Uma vez ouvi uma história de um caçador chamado Shinya Senmatsu. No Japão, a temporada de caça é limitada a poucos meses no inverno. Senmatsu diz que, quando encara um javali pela primeira vez no ano, no início de cada temporada, ele se pergunta: "Os javalis sempre foram tão assustadores assim?".

Para mim, este temor sempre renovado também se aplica a escrever livros. Tentei refletir e descobrir o motivo disso. Quando comecei um novo manuscrito pela primeira vez em dois anos, percebi como era difícil. Aprendi que é muito mais fácil, e muito menos assustador, fazer algo se a roda não para completamente de girar.

as técnicas de trabalho de Anthony Trollope, o deus dos hábitos

Já falei anteriormente sobre o escritor Anthony Trollope, que é, para mim, um tipo de deus dos hábitos. Empregado dos correios, ele foi o inventor da icônica caixa de correspondência britânica vermelha, em forma de pilar.

Ele escrevia duas horas e meia por dia antes de ir para o trabalho. Escreveu ao todo 47 romances e dezesseis outros textos mesmo trabalhando em tempo integral, deixando para trás uma grande obra.

Seu segredo para produzir tantos textos era começar o projeto seguinte assim que terminasse o anterior. Uma vez, ele terminou um extenso trabalho de seis mil páginas. Um escritor normal ia querer, talvez, comemorar ou tirar algum tempo de férias. Mas, como ele tinha cerca de quinze minutos sobrando até suas duas horas e meia terminarem, ele simplesmente deixou o trabalho finalizado de lado e começou a escrever o seguinte.

Dizem que os sentidos de pianistas e guitarristas ficam menos afiados quando eles deixam de tocar seus instrumentos por apenas um dia. Alguns músicos afirmam que perdem três dias de ensaio se pulam apenas um. Não só falta progresso quando não tocam seus instrumentos, como perdem o progresso que haviam conquistado. Quando fico três ou quatro dias sem fazer exercício, é difícil retornar à condição prévia. Fico sem fôlego quando corro e me sinto mais pesado.

Tenho a sensação real de que, quanto mais me desvio de meus hábitos, mais difícil fica retomá-los. Este é mais um motivo para evitar lapsos entre eles. Seus hábitos são reforçados na medida em que você segue com eles.

passo 33: mantenha registro de seus hábitos

Há relatos de que pessoas acima do peso perdem peso com mais rapidez ao simplesmente subirem em uma balança todas as manhãs. Quando pensam que vão subir na balança no dia seguinte, elas se tornam mais cientes de seus hábitos alimentares. Elas vão lamentar más escolhas e se sentir mal se seu peso aumentar no outro dia, o que funciona como uma penalidade. A fim de evitar tal "castigo", elas são mais capazes de se controlar e não exagerar na comida. Podemos esperar esse tipo de resultado se mantivermos registros enquanto estamos adquirindo um hábito.

mantenha registro de seus hábitos em um aplicativo no seu smartphone

Uso um aplicativo para smartphone chamado *Way of Life* para manter o registro diário dos meus hábitos. Estes hábitos são divididos em itens e incluem "levantar cedo", "praticar ioga", "fazer exercício" e "escrever meu manuscrito". O aplicativo é configurado para que um hábito que completei fique em verde, enquanto um hábito que não consegui completar fique em vermelho. Há uma série de aplicativos similares, sendo o *Momentum* bastante popular. O bom destes aplicativos é que, quando consegue cumprir uma sequência com sucesso, você acumula efeitos sonoros e números.

Quando decidi transformar em hábito o ato de escrever um blog, consegui mantê-lo por 52 dias. Uma vez que chegue a este ponto, você se sente motivado a continuar sem parar.

O comediante Jerry Seinfeld diz que marca um X em seu calendário nos dias em que consegue ter ideias para piadas. Uma continuação de X se entrelaça, como uma corrente. "Vá em frente, e a corrente vai crescer dia após dia. Você vai gostar de ver esta corrente, em especial quando completar algumas semanas. Seu único trabalho depois disso é não quebrá-la", diz ele. Interromper um hábito, ou quebrar a corrente, torna-se uma penalidade em si, o que o motiva a continuar a construir seu hábito.

a memória das pessoas é vaga

Se não mantiver um registro, sua memória vai reescrever os fatos de um modo assustadoramente imperceptível. Na minha academia de ginástica, os aparelhos registram quantas vezes você levanta os pesos. Em várias ocasiões, achei tê-los erguido dez vezes, até olhar o equipamento e ver que ainda estava na oitava repetição. Aparentemente eu tinha arredondado o número em algum momento, enquanto tentava escapar do trabalho duro. Aquilo me surpreendia. O mesmo acontece com meus hábitos: há momentos em que quero pegar leve e, se não mantenho o registro deles, simplesmente fico com a impressão de que está indo tudo bem.

Tento manter um registro diário dos meus hábitos. Quando tenho sucesso em adquirir um novo, faço anotações consistentes; isso acontece quando executo uma tarefa muito grande ou que seja exaustiva ou ainda que me exija bastante cuidado.

Tenho me pesado nos últimos anos, mas sempre há dias em que não subo na balança depois de comer ou beber demais porque sei que o resultado será ruim. Como sei disso, não subir na balança é um tipo de trapaça. Mas, se você está tentando perder peso, é importante se pesar diariamente, mesmo quando ganhou peso.

A sensação de arrependimento que você pode experimentar, a penalidade, vai se ligar ao próximo passo que você precisa dar.

inibidor de bons hábitos: fingir que algo nunca aconteceu

Às vezes, enquanto faço meus registros, me lembro de algo errado que fiz e penso comigo mesmo: "Vamos fingir que isso nunca aconteceu". Arrumo desculpas como: estava viajando, não estava me sentindo bem etc. Sempre dá para arrumar um monte de desculpas para alguma coisa. O aplicativo *Way of Life*, que mencionei antes, tem a função de "Pular". Você pode usá-la para marcar uma exceção, mas, se usá-la demais, vai acabar cheio de "pulos". Mantenha a calma e continue registrando qualquer coisa que o ajude a alcançar seus objetivos.

uma lista de realizações

Durante os seis meses que passei sem fazer nada e me sentindo totalmente para baixo, teve um momento em que fiz uma lista em meu diário das coisas que consegui realizar:

- Respondi a um determinado e-mail que eu considerava complicado;
- Vi o preço de um par de sapatos que queria;
- Tirei o lixo;
- Paguei meus impostos;
- Aprendi a descascar um abacaxi.

As pessoas tendem a pensar "Não fiz nada hoje" e se sentir mal. Mas, se você escrever todas as suas ações, vai descobrir que lidou com um número razoável de tarefas e que fez várias coisas. Manter uma lista de realizações me impediu de ficar mais deprimido.

o estado de seu progresso vai incentivá-lo a seguir em frente

Sua memória pode lhe dar uma ajudinha extra quando seus esforços começarem a tomar forma. Um estudo conduzido pela Universidade Columbia sobre cartões de fidelidade é um bom modo de ilustrar isso. Todos os voluntários receberam cartões de fidelidade, que permitia que acumulassem pontos a cada xícara de café que comprassem, depois de um determinado número de pontos eles ganhavam uma xícara de café grátis. Contudo, os cartões de fidelidade diferiam levemente entre si:

- Um cartão começava com zero pontos, e o dono do cartão ganhava um café grátis depois de acumular dez pontos;
- Outro cartão começava com dois pontos, e o dono do cartão recebia um café grátis depois de acumular doze pontos.

Em ambos os casos, o dono do cartão precisava acumular dez pontos para ganhar o café grátis, mas aqueles que já começavam com dois pontos eram, em média, 20% mais rápidos em conseguir o prêmio do que aqueles que começavam com zero. Esse exemplo mostra como as ações são mais fáceis quando as pessoas têm a sensação de que algo já está em movimento — em outras palavras, quando não começam do zero.

Hemingway mantinha registros diários do número de palavras que escrevia e criava gráficos. Anthony Trollope também tinha como regra escrever 250 palavras em quinze minutos e mantinha uma contagem disso. Copiei os hábitos deles e mantive o registro do número de caracteres que avançava a cada dia enquanto escrevia este manuscrito. Além da sensação de satisfação por ter completado o dia de trabalho, havia uma delicada sensação de alegria também. Registrar o estado do nosso progresso também é uma forma de comemorar nossa vitória.

passo 34: faça pausas para conservar sua força

> Você precisa aprender a ficar quieto no meio da atividade e a se sentir completamente vivo em repouso.
> Indira Gandhi

Ao construir hábitos, é importante ter uma noção de quanto tempo você precisa para se recuperar. Se ainda não se recuperou no dia seguinte, você vai acabar exagerando em algum lugar do caminho. Uma pequena fissura vai aumentar gradualmente, e será difícil seguir em frente.

Para começar, você precisa saber de quantas horas de sono precisa. Mantendo o registro de quanto tempo eu dormia antes de despertar naturalmente, sem um despertador, descobri que preciso de cerca de oito horas de sono todas as noites.

tempo "descontado"

Haruki Murakami passa uma hora por dia correndo ou nadando; para ele, só há 23 horas em um dia. Exercitar-se é indispensável, e o tempo restante é dividido entre as outras coisas. Ele "desconta" sua hora de exercício das 24 horas do dia.

Da mesma forma, acho que precisamos descontar coisas básicas como dormir, comer e descansar das nossas 24 horas. Assim, garantimos nossas necessidades básicas e usamos o tempo restante para as outras coisas. Pessoas que acabam no hospital, em geral, são incapazes de suprir suas necessidades básicas, como dormir de forma adequada, comer bem e descansar.

Pessoas que são obrigadas pelas empresas a trabalhar demais podem experimentar uma sensação eufórica de sacrifício voluntário, na qual a dor é considerada uma recompensa. Mesmo que queiram sair dessas condições, pode ser duro se livrar de suas comunidades corporativas.

Mas, se elas não têm garantido o tempo para as necessidades básicas das pessoas, como mencionei anteriormente, pode significar que está na hora de pensar se vale a pena sacrificar os fundamentos da vida pelo que estão fazendo.

as técnicas de trabalho de Stephen King

Stephen King é um escritor voraz e, segundo seu livro *Sobre a escrita: a arte em memórias*, ele costuma escrever pela manhã. Assim que começa a trabalhar em algo, escreve todos os dias para desenvolver seus personagens. King também escreve no Natal e no dia do seu aniversário.

Embora escreva todos os dias, ele escreve só pela manhã, então nunca fica cansado. Esse parece ser o segredo por trás do estilo de trabalho de um escritor de sucesso.

Deste modo, você precisa descansar a fim de continuar fazendo alguma coisa. Não dá para continuar trabalhando sem parar para ter um momento de descanso. E descansar não é algo separado do trabalho: pelo contrário, o descanso também é uma parte do processo.

Se está cansado demais para continuar, seus hábitos de trabalho não serão tão eficientes.

somos mais criativos quando dormimos

Salvador Dalí pintava cenas que via em seus sonhos. Robert Louis Stevenson, autor de *O médico e o monstro*, teve a ideia para seu livro em um sonho. O químico alemão August Kekulé tinha ideias para fórmulas químicas por meio de imagens com as quais sonhava.

Às vezes, o cérebro adormecido faz um trabalho mais criativo do que o cérebro acordado. Embora pensamentos conscientes desapareçam enquanto dormimos, o cérebro continua em atividade, e o número de calorias consumidas pelo organismo inerte não é diferente.

No passado, eu costumava pensar que o tempo que passava dormindo era um desperdício, algo que precisava ser recuperado. É por isso que invejava pessoas que conseguiam dormir pouco. Mas, como podemos ver ao examinar os sonhos, o poder da nossa imaginação enquanto dormimos pode ser mais surpreendente e mais interessante do que quando estamos despertos.

Acredita-se que isso seja causado pela ligação aleatória de células nervosas durante o sono REM, o que não acontece quando estamos acordados. É por isso que os sonhos são tão surreais, porque ocorrem combinações de nossas lembranças, fazendo com que nosso cérebro produza ideias que jamais teríamos despertos.

Do mesmo modo, enquanto escrevia este livro, eu encontrava soluções e tinha momentos de "Eureca!" quando estava desperto no meio da noite, com a mente vagando, e não quando estava sentado em minha escrivaninha, concentrado. Após pegar no sono, havia coisas que eu esquecia ao acordar, mas a sensação de "Eureca!" permanecia em minha mente.

O cérebro continua trabalhando sem descansar, mesmo enquanto dormimos, e nos dá ideias inesperadas. Dormir, então, parece necessário, não só para nos recuperarmos, mas também para atividades criativas.

faça coisas mais tediosas na hora de dormir

Acho que a relutância em "desistir" do dia é o motivo pelo qual as pessoas gostam de atrasar o sono. Pessoas com empregos ocupados vão querer passar a noite fazendo seus passatempos favoritos: filmes na TV, romances de mistério, quebra-cabeças. Estes são exemplos de coisas que são difíceis de abandonar, já que você quer saber o que vai acontecer na sequência.

Claro que essas atividades são divertidas, mas, se está fazendo algo muito intrigante antes de dormir, você vai ficar dizendo a si mesmo "Só mais dez minutos" ou "Só estou esperando um bom momento para parar". E assim fica cada vez mais tarde.

Acho que é uma excelente ideia fazer algo entediante no período antes de ir para a cama. Ler um livro interessante, mas que não seja muito envolvente ou intrigante, por exemplo. A leitura de uma coletânea de contos ou de um livro de poesia é fácil de parar porque há muitas interrupções. Um livro prático sobre como fazer alguma coisa ou um livro dividido por capítulos são boas opções.

O pintor Francis Bacon tinha insônia, e lia velhos livros de receita repetidas vezes antes de ir para a cama. Imagino que ele precisasse ler essas coisas para diminuir o ritmo de seus pensamentos, como se estivesse meditando.

Vou para a cama às 21h30, o que é indicado pelo meu despertador. Quando o alarme toca, é fácil parar o que estou fazendo quando não estou muito envolvido naquilo. Posso, assim, me despedir do dia sem lamento algum.

passo 35: tire uma soneca (os efeitos positivos são enormes)

> Me diga a que horas você come, e se tira uma soneca depois (e eu lhe direi quem você é).
> Mason Currey

Há histórias famosas de que políticos ocupados, entre eles o ex-primeiro-ministro britânico Winston Churchill e o ex-presidente dos Estados Unidos John F. Kennedy, tiravam sonecas.

De fato, como Mason Currey conta em *O segredo dos grandes artistas*, muitos gênios tiravam cochilos: Einstein, Darwin, Matisse, Frank Lloyd Wright, Liszt. Aparentemente, trabalhos criativos e sonecas são inseparáveis.

A Nasa, o Google e a Nike têm salas privativas, e recomendam que seus funcionários tirem sonecas curtas, de cerca de vinte minutos. (Toda vez que leio ou escrevo textos como "O Google também faz isso ou aquilo...", começo a me sentir inquieto, me perguntando se as pessoas que trabalham em outras empresas também não precisam dessas coisas que o Google oferece aos seus funcionários.)

Tiro uma boa soneca de quinze minutos duas vezes ao dia também (a primeira quando volto a dormir de manhã, como explicarei depois). Acredito que, no futuro, as empresas serão obrigadas por lei a fornecer salas de soneca. Se por algum motivo eu acabar criando uma empresa um dia, minha primeira ordem será garantir uma sala como essa. Para você ver como considero esses resultados incríveis.

Depois que a escola secundária de Fukuoka instituiu uma soneca de dez minutos, o número de alunos que entrou na Universidade de Tóquio dobrou. Segundo um estudo da Universidade de Lyon, alunos que tiram uma soneca no meio da rotina de estudos aprendem mais rápido e melhoram sua memória de longo prazo.

Em um estudo da Nasa, habilidades cognitivas como memória e atenção melhoraram 34% depois que os voluntários tiravam sonecas de 26 minutos.

Melhorias na capacidade cognitiva significam a ativação do sistema frio do cérebro. O desejo dos sujeitos diminui, tornando possível que eles ajam pensando em obter recompensas futuras. A partir da minha própria experiência, acredito que essa melhoria seja realmente verdade.

Tiro uma soneca de quinze minutos antes de fazer exercícios ou algum trabalho que eu considero mais difícil e que exija força de vontade. Sinto-me surpreendentemente renovado depois desse descanso, e com frequência tenho sonhos breves. Assim que a soneca termina, estou cheio de motivação.

o que significa voltar a dormir estrategicamente?

Tenho um método para criar duas "manhãs". Acordo às cinco da manhã, faço minhas coisas e vou à biblioteca às 9h30.

Nas quatro horas que se seguem ao momento em que me levanto, começo a trabalhar, escrevo, faço ioga e estudo inglês. Logo depois de adotar esta rotina, percebi que estava cansado quando tinha que me preparar para meu trabalho mais importante.

Então, decidi voltar a dormir por quinze minutos. Este curto sono é uma ação estratégica que recupera minha força de vontade. Embora tenha criado o hábito de dormir sete ou oito horas direto, não acordo perfeitamente descansado todos os dias e, às vezes, desperto em horas estranhas no meio da noite. Compenso isso voltando a dormir, o que faz com que eu me sinta renovado.

O escritor Nicholson Baker também usa este método. Ele se levanta entre quatro da manhã e 4h30, e escreve cerca de uma hora e meia. Então, volta a dormir e desperta às 8h30.

O bom deste método é que, mesmo que você esteja um pouco cansado durante a manhã, fica mais fácil se levantar a primeira vez sabendo que poderá voltar a dormir mais tarde. Recomendo este método de voltar para a cama estrategicamente, para, assim, ter duas manhãs úteis.

passo 36: descanse agressivamente

O efeito Sechenov diz que você consegue acalmar seus sentimentos e melhorar sua atividade mental envolvendo-se em atividades vigorosas, em vez de simplesmente descansar e relaxar.

Quando estamos cansados, nossa tendência é deitar na cama e ficar sem fazer nada. Mas isso não muda nosso humor, e é possível que nos odiemos à noite. Não gastar energia não é o mesmo que descansar. Você descansa no sentido verdadeiro quando é proativo e se envolve em uma atividade da qual desfruta, como sair de casa e entrar em contato com a natureza.

prepare uma "lista de enfrentamento"

Há momentos na vida em que nos sentimos um tanto quanto melancólicos, mesmo quando temos uma vida boa. Nestas horas, é bom estarmos preparados tendo uma lista de coisas que podemos fazer para mudar nosso estado de espírito e, dessa forma, lidar intencionalmente com o estresse do nosso jeito favorito. Tenho o costume de chamar esta lista de "lista de enfrentamento".

Minha lista de enfrentamento inclui sair para caminhar, entrar em contato com as árvores, a terra e a natureza; fazer uma fogueira; dirigir meu carro; ir ao cinema. Às vezes, vou para algum lugar bem distante. Mesmo se não estou no clima logo no início, definitivamente consigo me acalmar ou ter um alívio emocional quando saio para um passeio. Comparo isso a agradar uma criança com o brinquedo favorito dela.

passo 37: valorize o que não está transformando em hábito

> A continuidade em tudo é desagradável. O frio é agradável para que possamos nos aquecer.
> Blaise Pascal

Agora passo os dias como se fossem semanas. De manhã até a noite, o tempo que passo trabalhando ou estudando é como uma semana no escritório. E então cumpro todos os meus hábitos depois de ir para a academia me exercitar. Assim que o sol se põe, é como se o fim de semana chegasse: é hora de um período livre e tranquilo. Você pode fazer qualquer coisa depois que terminou o que tinha que fazer naquele dia.

Quando comecei a organizar as atividades que precisavam ser feitas no meu dia utilizando uma grade de horários e a construir meus hábitos, eu ficava completamente exausto, havia alguns momentos em que largava tudo e ficava simplesmente mexendo no meu smartphone.

O mais estranho era que eu não me sentia culpado por estar ali sem fazer nada. Em outras palavras, percebi que o que me fazia sentir culpado não eram minhas ações em si, mas o fato de que eram distrações que eu criava para evitar de fazer as coisas que precisavam ser feitas.

Assim que comecei a me acostumar com meus hábitos, parei de me sentir tão exausto, e minha vontade de ficar largado olhando o smartphone diminuiu naturalmente. Agora que tenho as noites livres, assisto a filmes frequentemente, por exemplo.

Qualquer um quer usar seu tempo da maneira mais produtiva possível, e é para isso que servem os hábitos. Mas é impossível tornar as 24 horas do dia produtivas, mais que isso, é desnecessário. Conforme continuei a seguir meus hábitos, comecei a perceber que também era essencial me dar conscientemente um tempo para limpar a mente.

o jeito de Kojin Karatani e de Immanuel Kant de dar uma pausa

O crítico Kojin Karatani, que considero um intelectual japonês exemplar, para de trabalhar no fim da tarde e passa suas noites assistindo a filmes e dramas na TV. Em outras palavras, ele não tem o costume de usar a mente à noite. E diz que vive desta forma há mais de uma década.

O filósofo Immanuel Kant também era um deus dos hábitos. É sabido que ele caminhava todos os dias às 15h30. Como era sempre muito pontual, as pessoas o viam e ajustavam seus relógios. Kant permaneceu solteiro por toda a vida, morava em sua cidade natal, Königsberg, e aparentemente nunca soube que o mar estava a poucas horas de distância de sua casa.

Embora pareça que Kant era um gênio excêntrico, ele, na verdade, possuía um lado social e era bom de conversa. Fazia somente uma refeição ao dia e, enquanto comia, gostava de bater papo não só com seus colegas, mas com moradores da cidade de várias origens. Dizia que era pouco saudável para um filósofo fazer uma refeição sozinho. Conversar era seu jeito de descansar a mente.

também precisamos de mudanças nos nossos hábitos

Em certas culturas, as pessoas percorrem trilhas de milhares de quilômetros. Para elas, que caminham todos os dias, a caminhada não é mais uma viagem, em vez disso ela se torna um acontecimento diário. Todo passeio a pé, cercado por belas paisagens, aos poucos, se torna uma atividade cotidiana se feita com regularidade. Do mesmo modo, quando me tornei freelancer, minha situação de "todo dia é domingo" rapidamente perdeu a graça. Comecei a pensar que também precisamos de uma quantidade adequada de mudança em nossos hábitos.

É bom praticar os hábitos todos os dias até começar a ter a sensação de recompensa, e então adquiri-los de fato. Mas, acima de tudo, você ainda vai sentir que quer continuar a praticá-los. Você pode fazer mudanças neles de vez em quando, e até fazer pausas para não ficar entediado. No meu caso, comecei a pensar que era uma boa ideia tirar um dia de folga ou visitar algum outro lugar pelo menos uma vez por semana.

passo 38: não misture seus "objetivos" com seus "alvos"

> O sucesso é uma consequência
> e não deve ser um objetivo.
> Gustave Flaubert

Segundo o livro *Diets Don't Work* (*Dietas não funcionam*, em tradução livre), de Bob Schwartz, só dez em cada duzentas pessoas têm êxito ao fazer dieta, e só uma dessas dez vai conseguir manter o peso alcançado. Embora muita gente consiga atingir seus objetivos, é raro ser capaz de mantê-los.

Isso acontece provavelmente porque muitas pessoas consideram que fazer dieta é uma maneira de alcançar o peso desejado por meio da disciplina, durante um período determinado. Assim que alcançam o objetivo, ficam satisfeitas e relaxam. Depois de um tempo, voltam ao peso inicial. Fazer dieta não é como obter um diploma de medicina ou passar no exame da ordem dos advogados, coisas com as quais você para de se preocupar no instante em que as conquista. Dieta não é um evento único. O objetivo de uma dieta é encontrar um estilo de vida que seja sustentável sem sofrimento.

o resultado será o esgotamento se você só tiver um alvo

Muitos atletas entram em depressão depois que competem nas Olimpíadas. Do mesmo modo, alguns astronautas também desanimam depois de cumprirem sua jornada no espaço.

O jogador profissional de videogame Daigo Umehara diz que passou pela mesma coisa. Aprendeu que seu objetivo deve ser "continuar a desenvolver-se", não apenas ganhar torneios. Ele sente-se esgotado e não evolui quando seu objetivo resume-se a só vencer.

o "plano mestre" de Schwarzenegger

Os termos japoneses para "alvo", "objetivo" e "padrão" usam caracteres similares, por isso podem confundir. Para desfazer esta confusão, podemos olhar para o que Schwarzenegger chama de "plano mestre". Ele se pergunta continuamente: "O que posso fazer hoje para meu objetivo maior, para meu plano mestre?".

Meu alvo é conquistar um certo tempo para correr uma maratona. Estabelecer um objetivo de três horas e trinta minutos mantém meu ânimo de treinar todos os dias. O propósito geral de correr, para mim, é manter a mente e o corpo saudáveis. Outro alvo que tenho é publicar livros, cujo objetivo é satisfazer minha curiosidade.

passo 39: olhe apenas para os alvos que estão diante de você

> Um herói é um homem que faz o que pode.
> Romain Rolland

No boliche, uma dica comum é mirar a bola não nos pinos, mas nas setas próximas. Temos que manter essa ideia em mente ao transformar algo em hábito. Mas por quê?

inibidor de bons hábitos: a questão da "única moeda"

Às vezes, uma pessoa que está lutando por um objetivo se dá conta, de repente, da quantidade total de esforço necessário para alcançá-lo, o que pode ser desencorajador.

Por exemplo, para ter 1 milhão de dólares, é preciso economizar com diligência e paciência pequenos valores diários. Mas, quando vemos alguém que já tem 1 milhão de dólares, os poucos dólares que economizamos parecem uma tolice.

Você sente a mesma amargura quando ouve alguém bilíngue falar inglês fluente, o que parece tornar inexpressivo decorar uma única palavra em inglês.

Olhamos para os projetos e para as realizações de todos nas redes sociais e perdemos a motivação ao perceber quanto esforço ainda temos que fazer para alcançar aquele ponto.

como Kazu joga aos 51 anos de idade

Para conseguir lidar com a "questão da única moeda", precisamos nos concentrar somente em alvos que temos diante de nós.

Apesar de Kazuyoshi "Kazu" Miura continuar jogando futebol aos 51 anos de idade, não acredito que seu objetivo sempre tenha sido jogar até a maturidade. A ideia de aposentadoria já tinha passado pela sua mente lá pelos trinta anos. Ele achou que iria parar de jogar em dois anos, e continuou a pensar isso a cada dois anos, até atingir a idade atual.

Minha segunda maratona foi muito difícil para mim, porque machuquei meu joelho. Pensar que ainda faltava correr vinte ou trinta quilômetros me fazia querer desistir. Então, durante a segunda metade da prova, eu dizia que pararia depois de dois quilômetros. Continuei pensando dessa mesma forma a cada dois quilômetros e, de algum modo, consegui alcançar a linha de chegada.

O filme *Até o último homem* é baseado na história real de um médico combatente que salvou sozinho 75 soldados feridos. O personagem principal permanece no lugar de sua missão mesmo depois que sua unidade recua e continua a salvar os feridos que haviam sido deixados para trás. Em meio ao fogo cruzado do campo de batalha, tudo o que ele pensa é: "Senhor, por favor, me ajude a pegar só mais um".

Por outro lado, você pode encontrar motivação nas coisas que conquistou no passado. A maratonista Naoko Takahashi observou certa vez: "Qual foi a distância que corri até hoje? Só faltam quarenta e dois quilômetros".

passo 40: experimente fracassos — eles são indispensáveis para seus hábitos

Para adquirir hábitos, é necessário experimentar o máximo possível de fracassos. Infelizmente, você não vai conseguir adquirir hábitos só lendo este livro; é preciso tentar e cometer erros.

"Como você conseguiu?" Esta é uma pergunta feita com frequência em livros de autoajuda e de negócios, e a resposta costuma ser muito simples. Em vez de manter o seu foco apenas no sucesso, você precisa experimentar rapidamente o máximo possível de fracassos nesse processo. Por que isso?

Um amigo meu diz que sorri toda vez que fracassa em alguma coisa. Para ele, fracassar é descobrir um método que não funciona, e isso o deixa um passo mais perto do sucesso. Descubra métodos que não funcionam e, um dia, você vai encontrar um que funciona.

Vendo desta forma, o fracasso é quase um sucesso. Tal como o trabalho é complementado pelo descanso, o sucesso e o fracasso são conceitos iguais dentro de um mesmo processo. Tudo o que estamos fazendo é traçar uma linha para resultados aparentes em um momento específico e designar diferentes nomes para eles.

Ninguém quer falhar sem que exista necessidade. É por isso que procuramos conselhos e dicas de outras pessoas. Mas, quando fazemos isso a fim de evitar completamente o fracasso, acabamos tomando o caminho mais longo até o sucesso.

É embaraçoso fracassar, podemos nunca receber nossa recompensa e acabar perdendo tudo. Podemos perder a motivação e nos tornarmos incapazes de seguir em frente. Mas as pessoas que alcançam o sucesso são aquelas que não desistem diante de um fracasso, são aquelas que continuam até o fim. Isso é tudo o que há para fazer.

o significado de acumular fracassos

Quando algo se torna um hábito, somos capazes de praticá-lo com muito mais facilidade do que podíamos imaginar antes de adquiri-lo. Não significa simplesmente que gostamos de fazer isso. Há dias em que nos sentimos sonolentos de manhã, e outros em que não queremos trabalhar ou sair para correr.

Mas podemos superar estes sentimentos se mantivermos o registro dos fracassos que acumulamos. Me sinto mal quando não consigo levantar cedo. Como escrevi antes, acordar tarde me deixa incapaz de praticar ioga e de fazer meu trabalho matinal.

Um fracasso que repeti várias vezes foi beber demais, desperdiçar o dia seguinte e me lamentar por isso. Cada vez que isso acontecia, eu anotava. Pensando agora, vejo esses fracassos como necessários. Um fracasso ou dois não é uma penalidade. Como disse antes, o "você" do amanhã sempre parece o Super-homem e pode agir diferente do "você" de hoje. Quando fracassamos, deixamos de lado a ilusão de que podemos fazer tudo neste exato momento, e a roda começa a girar.

separe fracasso de insegurança

Quando o fracasso acontece, é importante não ficar deprimido depois. Lembre-se da criança incapaz de esperar pelo segundo doce no teste do marshmallow. Vai ficar mais difícil obter nossa recompensa futura se nos sentirmos para baixo ou se não tivermos esperança no presente. Vamos tentar não cair na armadilha dos círculos viciosos.

Quanto mais negativo algo é, mais tendemos a enfatizar seu papel em nossas vidas, uma tendência humana natural chamada viés de negatividade. Por causa do viés de negatividade, não paramos de prestar atenção em um hábito que não conseguimos adquirir. Em momentos assim, é importante nos atentarmos para hábitos que tivemos sucesso em adquirir.

A minimalista Seiko Yamaguchi diz que, em vez de se concentrar na bagunça e se sentir desapontada quando sua casa está desorganizada, ela acolhe a si mesma falando o seguinte: "Estou me esforçando tanto neste momento que não consigo sequer arrumar a casa". Quando fracassa em algo, isso só significa que o método que você está usando não é o certo, e não que é culpa sua.

passo 41: pare de se preocupar com o tempo necessário para algo virar um hábito

Quanto tempo temos que continuar a fazer algo até que se torne um hábito? É provável que esta pergunta já tenha cruzado a mente de todos. Uma resposta famosa é "21 dias". Isso parece ser um mito derivado da história de um paciente cujos braços e pernas foram amputados e que levou 21 dias para se acostumar a este estado.

Em todo caso, para algo se tornar um hábito, uma mudança deve ocorrer naturalmente no circuito neural que estabelece o que alguém percebe como uma recompensa. A ideia de que um processo complicado possa ser reduzido a um número específico de dias é, antes de mais nada, peculiar.

Segundo um artigo, ações como beber água e fazer flexões levam em média 66 dias para virar um hábito. Mas essa é apenas a média de uma variedade de períodos que vão de dezoito a 254 dias. Com uma variedade tão grande, essa média dificilmente serviria como referência.

Acredito que seja melhor não pensar nos hábitos de maneira numérica. Embora haja valor em cumprir desafios com um número específico de dias em mente, tais como um desafio de trinta dias de flexões, o importante não é o alvo de curto prazo; mas sim se você será capaz de continuar a fazer flexões no 31º dia. Se, neste ponto, você ainda estiver pensando no desafio como um ato de persistência, é provável que não continue com este hábito.

você vai saber quando algo se tornar um hábito

Não há resposta para a pergunta de quantos dias levam para algo virar um hábito. Mas posso dizer que você vai sentir quando adquirir um hábito.

Vou dar um exemplo de uma vez que tive essa sensação. Eu frequentava a academia de ginástica havia quase dez anos, mas só ia realmente uma vez por semana ou uma vez por mês, quando estava ocupado.

No quinto dia depois que comecei a ir diariamente, a academia estava fechada. Antes, eu provavelmente ficaria aliviado, pensando: "Não posso fazer nada se ela está fechada. Sorte a minha". Mas, naquele dia, pensei, para minha própria surpresa: "Ah, estão fechados. Que pena".

Meu cérebro começava a ver o exercício como algo bom, algo que me dava a sensação de realização e não de obrigação, que era o que eu sentia antes.

sinais para um jejum de açúcar

Eu também soube quando consegui interromper um hábito que queria largar.

Um dia, cerca de três semanas depois de ter cortado açúcar da minha dieta, vi um pão recheado de creme, outro coberto de chantilly e pasta de feijão doce, e não senti nada. Eu até estava com fome, mas só de ver aquela doçura excessiva, me senti um pouco enjoado. Ouvi dizer que os doces japoneses são populares entre estrangeiros porque não são muito doces, e a sensação que tive pode ser parecida à de um japonês que vai a um país estrangeiro e come uma sobremesa açucarada demais.

No passado, eu teria que ter usado minha força de vontade para me impedir de comer o que eu queria. Mas meu circuito neural que tinha vontade de doces parecia estar adormecido, e hoje já não sinto mais que "tenho que ficar longe" das sobremesas. É um sinal de que completei o processo de largá-los e deixei esse hábito de lado.

Há um ditado que ressoa particularmente em mim: "Viva a resposta". Você não sabe quantos dias serão necessários para que algo se torne um hábito. Mas quando tiver a resposta para isso, já a estará vivendo.

o objetivo é deixar de ser consciente disso

Acho que o objetivo de toda pessoa que quer ser minimalista é parar de ser consciente do fato de que está praticando o minimalismo. Ou seja, o objetivo é atingir um estado no qual o minimalismo esteja presente em seus atos sem que você esteja ciente disso.

O mesmo acontece com os hábitos: assim que parar de pensar neles, você os adquiriu de verdade. Em relação aos hábitos que desenvolvi, não faço um esforço consciente para mantê-los; eu simplesmente ajo.

Não tenho vontade de escrever sobre meus hábitos nas redes sociais e deixar as pessoas cientes deles. Correr dez quilômetros por dia agora se tornou algo natural para mim, não algo para ser comemorado ou tornado público. Às vezes não tenho vontade de ir para a academia, mas de algum modo acabo sempre indo.

Você ainda não adquiriu realmente um hábito se está preocupado com a possibilidade de rompê-lo. Quando adquirir um hábito, você terá a certeza de que nunca vai desistir, apesar de situações potenciais que possam tornar difícil mantê-lo. Pense em escovar os dentes: é desconfortável quando não fazemos isso. Quando mantemos uma ação sem estarmos cientes de que estamos nutrindo um hábito, esse pode ser o momento em que esse ato se tornou um hábito de verdade.

passo 42: faça; é melhor do que simplesmente não fazer

No livro *Do que eu falo quando falo de corrida*, Haruki Murakami conta a história de quando entrevistou o corredor olímpico Toshihiko Seko. "Eu perguntei para ele: 'Um corredor do seu nível sente que prefere não correr em um determinado dia, tipo, um dia em que você não quer correr e prefere ficar dormindo?'. Ele me encarou e, então, em um tom de voz que deixava bem claro o quão estúpida a pergunta lhe parecia, respondeu: 'Claro que sim. O tempo todo'".

Eu queria ouvir a resposta diretamente de Seko. Apesar da diferença, como céu e terra, da nossa força muscular, da quantidade de exercícios que fazíamos e da motivação, ele se sentia do mesmo modo que eu quando se levantava cedo e amarrava os sapatos. A resposta de Seko naquela época me trouxe um alívio genuíno de que isso é igual para todo mundo.

Há vezes em que Murakami, que pratica corrida todos os dias há mais de vinte anos, não quer correr.

Do mesmo modo que Murakami ficou aliviado com as palavras de Seko, também fico aliviado com as palavras de Murakami.

Embora os hábitos sejam ações que fazemos quase sem pensar, nem sempre podemos fazer escolhas inconscientes; os conflitos sempre surgem em algum momento. Porque somos humanos, haverá momentos em que simplesmente não teremos vontade de fazer alguma coisa.

Há sofrimento em continuar a praticar nossos hábitos. Mas, comparado ao arrependimento que sentimos quando não os praticamos, acho que é muito melhor ir em frente. Se hoje acumulamos fracassos ao tentar fazer alguma coisa, algum dia teremos uma quantidade maior de recompensas. Se não fizermos uma tentativa, teremos de todo modo os mesmos arrependimentos, e ainda nos sentiremos inseguros. Então, podemos optar pelo que parece um pouco melhor: fazer a tarefa que precisamos fazer, mesmo quando não queremos.

passo 43: aumente gradualmente o nível de dificuldade

Às vezes, nos sentimos entediados com o hábito que estamos praticando. Por exemplo, nos levantamos cedo, fazemos ioga, exercícios... E a sensação renovadora e o sentimento de realização que tínhamos no início parece desaparecer gradualmente.

Quando nossos padrões de dificuldade são muito elevados, nosso cérebro vai reconhecê-los simplesmente como sofrimento, então não seremos capazes de prosseguir. Tampouco ficaremos satisfeitos ou menos entediados se nossos padrões forem baixos demais. Quando você ultrapassa seus limites, uma quantidade adequada de cortisol, o hormônio do estresse, será liberada para lhe dar uma sensação de satisfação. Não há alegria se não há estresse.

Uma vez perguntei ao meu professor de ginástica quando eu deveria levantar mais pesos, e a resposta foi: "Quando conseguir levantá-los com facilidade". Você também pode descobrir um dia que consegue dirigir e cantar ao mesmo tempo, sem um pensamento consciente. Ao correr, quando tiver conquistado mais prática, você poderá pensar em alguma outra coisa enquanto corre na velocidade que antes o deixava exausto. O ponto no qual algo que costumava ser difícil se torna fácil é o ponto no qual devemos aumentar o nível de dificuldade.

O psicólogo Mihaly Csikszentmihalyi desenvolveu o conceito de estado de fluxo, um estado no qual as pessoas estão tão concentradas que se esquecem da passagem do tempo e sentem satisfação. Isso acontece quando estamos fazendo algo com o nível certo de dificuldade, nem muito extenuante, também nem fácil demais.

Enquanto escrevo este texto, minha concentração é interrompida quando alcanço uma desconexão lógica ou quando estou escrevendo uma parte especializada ou mais complicada.

Quando estou escrevendo sobre algo que tem o nível certo de dificuldade ou sobre um tópico que conheço e do qual entendo bem, posso me concentrar e escrever enquanto esqueço a passagem do tempo.

refine seus hábitos naturalmente e não notará seu nível de dificuldade

Claro que você não será capaz de continuar praticando um hábito se aumentar demais o nível de dificuldade de uma só vez. Em vez disso, você deve aumentar o nível gradualmente.

Se seu objetivo é, em algum momento, levantar uma hora mais cedo da cama, primeiramente programe seu despertador para cinco minutos antes. É difícil acordar uma hora mais cedo do que no dia anterior, mas despertar cinco minutos antes não é algo tão difícil. Levante-se cinco minutos mais cedo a cada manhã durante doze dias, e você será capaz de se levantar uma hora antes.

Quando corro na esteira, aumento meu tempo em um minuto em relação à última vez que corri e, às vezes, aumento a velocidade em 0,1 quilômetros a cada minuto de corrida.

Aumente o nível de dificuldade pouco a pouco, e você vai melhorar sem fracassar.

"treinos intencionais" são necessários para o desenvolvimento

Dizem que Ichiro Suzuki se propunha um desafio diferente a cada bola lançada quando estava com o taco. Mesmo quando acertava a bola, ele não se satisfazia se não tivesse atingido seu objetivo.

O jogador de videogame Daigo Umehara diz: "Posso passar longas horas jogando sem pensar e mesmo assim não desenvolver habilidade alguma. Parece que simplesmente estar determinado a prolongar o tempo de prática não produz bons resultados. Veja, por exemplo, os arremessos de basquete. Melhorar seus arremessos não é uma questão de simplesmente jogar várias bolas, mas de afinar cada arremesso em relação à distância, à trajetória da bola, ao movimento do seu pulso etc. Você cria uma hipótese e continua fazendo correções. Estes métodos são chamados de "treinos intencionais".

Quando algo se torna um hábito e fica fácil, você pode continuar a praticar no mesmo nível de dificuldade. A dopamina é liberada quando você sente uma novidade, e as ligações neurais ocorrem quando você deixa sua zona de conforto.

Então, mesmo que esteja praticando consistentemente seus hábitos, você pode não obter o estímulo necessário para seu desenvolvimento. Alongue suas pernas mais do que o normal na ioga. Tente se esforçar mais um pouco no trabalho quando normalmente pensaria em parar. Há espaço para crescimento quando damos só um passo adiante, mesmo quando achamos que já nos esforçamos o suficiente.

passo 44: supere cada desafio ao longo do caminho

Não importa o quanto você ache que adquiriu um hábito, haverá momentos nos quais você não vai ter vontade de mantê-lo. A contramedida é manter o mínimo.

Stephen Guise, autor de *Mini-hábitos: Como alcançar grandes resultados com o mínimo esforço*, diz que nunca devemos mirar alto demais ao estabelecer nossos objetivos, mesmo que algo se torne um hábito em sua vida. Um objetivo de fazer flexões pode ser alcançado com uma única flexão, mesmo que agora você consiga fazer cem delas.

Mesmo que tenha criado o hábito de escrever em um diário ou em um blog, e seja capaz de escrever mil palavras por dia, seu objetivo pode continuar o mesmo de quando começou com cem palavras por dia. Você pode alcançar aquela uma flexão ou aquelas cem palavras quando não está a fim de fazer mais.

Como já disse várias vezes, o que reduz nossa força de vontade é a sensação de insegurança. Aquele sentimento negativo de não ser capaz de trabalhar em algo hoje ou de não ser capaz de alcançar seu objetivo vai causar dificuldades para você atingir seu próximo hábito.

É importante, então, manter uma linha base para seus hábitos, para evitar negar a si mesmo a satisfação da conclusão. Ainda que não seja capaz de fazer muito hoje, você pode compensar amanhã.

seu próprio desenvolvimento servirá como motivação

> A maior recompensa para uma coisa bem-feita
> é tê-la feito.
> Voltaire

Mesmo que continue a praticar seus hábitos, você só sentirá uma verdadeira sensação de progresso uma vez ou outra. Não é possível manter o hábito se você achar que esta é sua única recompensa, ou se sempre usar isso como sua motivação principal para manter aquele comportamento.

Veja a ioga, por exemplo. Meu corpo se tornou mais flexível em pouco tempo, cerca de duas semanas depois que comecei, e fiquei feliz e ansioso para continuar. Mas, depois de um tempo, minha flexibilidade parou de melhorar, ainda que eu continuasse a praticar ioga todos os dias.

Mesmo com uma sensação de progresso, questões como "Será que minhas juntas estão mais flexíveis do que o normal?" vão aparecer de modo bem traiçoeiro. Segui um guia para fazer as aberturas de quadril em um mês durante mais de seis meses, mas ainda não consigo fazê-las.

Em momentos assim, não vou querer continuar se esperar que o progresso seja minha recompensa. E meu corpo ficará enrijecido se eu não praticar ioga por alguns dias, o que sentirei como um fracasso. Com o inglês é a mesma coisa. Há dias em que, de repente, consigo entender o que alguém que fala o idioma está dizendo, mas, em geral, fico em uma posição na qual não sinto que estou progredindo.

O desenvolvimento é acompanhado por períodos de estagnação e de avanço. Ele não é uma linha reta que sobe continuamente, é um zigue-zague, como uma estrada que sobe e desce. Então, se eu valorizo o progresso como recompensa, vou querer desistir nos momentos de estagnação.

A fim de prosseguir, é necessário procurar uma recompensa na ação em si, em vez de no próprio desenvolvimento. Sua capacidade de perseverar em um hábito deve ser vista como uma recompensa. Isso é realmente importante.

Em momentos de estagnação, pode ser bom imaginar a si mesmo como uma crisálida. A aparência exterior de uma crisálida nunca muda. Mas, por dentro, as preparações para o próximo estágio estão ocorrendo. As alegrias do desenvolvimento são como bônus que recebemos de uma empresa que não parece estar indo muito bem. Considere-se com sorte por recebê-los de vez em quando.

passo 45: mantenha e aumente sua autoeficácia

> Tudo o que você precisa na vida é de ignorância e confiança, e então o sucesso é certo.
> Mark Twain

No passo 17, introduzi um modo de superar o medo de cobras "indo por partes", ou dividindo a tarefa em passos cada vez menores. Há mais coisas que podemos aprender com esse tipo de exemplo. É interessante perceber que pessoas capazes de superar o medo de cobras também são capazes de superar outros tipos de medo. Depois de enfrentar algo com seriedade, elas não são mais abatidas facilmente, mesmo quando encaram o fracasso. O psicólogo Albert Bandura chama isso de "autoeficácia".

Dito de maneira simples, ter uma sensação de autoeficácia é dizer para si mesmo "Eu consigo fazer isso". É acreditar que você pode mudar, crescer, aprender e superar novos desafios.

Parei de comer doce depois que consegui parar de beber, e isto foi o que pensei na época: "Se consegui deixar o álcool, não é possível que eu não consiga parar de comer doces".

Quando temos sucesso em algo, sentimos que nosso próximo êxito está ao nosso alcance. As crianças que foram capazes de esperar pelos dois doces no teste do marshmallow podem ter tido muitas experiências de superar desafios e terem recebido elogios por conseguir fazer isso, quando tinham quatro ou cinco anos, por exemplo.

Por outro lado, se você pensa "Não consigo fazer isso" ou "Fracasso em tudo o que tento fazer", seria uma decisão racional desistir o mais rápido possível ao encarar um novo desafio. Se você pensa que, de toda forma, fracassará novamente, vai considerar uma perda de tempo lidar com suas emoções conflitivas. Em vez de tentar esperar o máximo possível de tempo para comer o marshmallow que está diante de você, na esperança de ser recompensado posteriormente com dois marshmallows, você vai acabar chegando à conclusão de que é melhor comer um único marshmallow, assim que recebê-lo.

É isso o que Walter Mischel dizia: crianças com mais expectativas de sucesso terão mais confiança quando receberem um novo desafio, como se já tivessem tido algum êxito. Elas não acreditam na possibilidade de falhar, preferem encarar a questão e assumir o risco do fracasso.

Quando começamos algo novo, as pessoas nos dizem que devemos "ir em frente", e acabamos concordando com elas. Mas as pessoas capazes de "ir em frente" são justamente aquelas que tiveram muitas experiências de seguir em frente e, de algum modo, fazer algo dar certo. Isso significa que será mais fácil assumir um novo desafio, e ter sucesso nele, se você não tiver medo do fracasso.

uma sensação de autoeficácia que começa com a arrumação

Crianças que foram capazes de esperar no teste do marshmallow geralmente também "tinham êxito" em outros marcadores: iam bem nas provas aplicadas na escola e também tinham uma boa saúde. Acho que isso é resultado de uma sensação de autoeficácia — "Eu consigo fazer isso" — que se estende a vários aspectos da vida delas.

Posso dizer que isso se aplica a mim também. Comecei arrumando meu apartamento, mas não foi o suficiente; então, desenvolvi o desejo de melhorar minha vida de várias outras maneiras. Aprendi, por exemplo, a sair mais cedo da cama, e inicialmente havia uma sensação tão grande de realização quando eu conseguia ir à academia de ginástica que ficava satisfeito mesmo se não fizesse mais nada de produtivo depois disso ao longo do dia.

Quando você se torna capaz de levantar cedo e fazer exercícios com facilidade, começa a querer mais desafios.

Quando adquire um bom hábito, você tende a querer incluir vários outros em sua rotina. Como sua sensação de autoeficácia foi impulsionada por aquele primeiro hábito que você conseguiu incorporar, fica mais fácil criar o hábito seguinte. E, desta forma, o impacto positivo em sua vida se estende para além do hábito inicial.

passo 46: crie uma reação em cadeia

Levou um tempo para que os exercícios físicos se tornassem um dos meus hábitos. Depois que mudei para o interior, eu corria ou dirigia um carro. Quando caminhei uma longa distância pela primeira vez em muito tempo, fiquei surpreso com o quão rápido e firme fui capaz de andar. Tive a sensação de que minhas pernas e meus quadris estavam mais compactos. Meu corpo parecia leve, como quando Goku, em *Dragon Ball*, tira seus trajes pesados.

Dizem que pessoas que só conseguem andar devagar correm vários riscos de saúde, como depressão e declínio do corpo e das funções cognitivas. Você não devia ser capaz de andar rápido quando seu corpo se sente leve e você se sente motivado?

A vida diária se torna realmente fácil quando você começa a condicionar seu corpo. A fadiga de subir escadas se torna praticamente zero e não há necessidade de optar pelo elevador lotado no prédio. Você não fica sem fôlego. E, mais do que isso, sua saúde não entra em declínio.

os hábitos que já adquiriu se tornam sua recompensa

Como você vai começar diferentes hábitos em diferentes momentos, alguns deles já adquiridos vão parecer menos difíceis e mais divertidos. Para mim, por exemplo, é o que aconteceu com o hábito de escrever no meu diário. Não tenho mais dificuldade alguma em fazer isso. Inclusive, quando escrevo sobre sentimentos negativos, as coisas começam a se animar no mesmo momento. Para mim, escrever no diário é um jeito de me recompor e também uma recompensa.

Correr é a mesma coisa. Eu costumava pensar "Vou comer algo bem gostoso se conseguir terminar esta corrida", mas percebi que, em algum ponto do caminho, tinha começado a pensar "Vou correr se terminar esta tarefa". Um hábito que costumava ser considerado um desafio havia se tornado uma recompensa e uma prática indispensável para mim.

não preciso mais de maus hábitos

Mesmo quando sofro com algum tipo de estresse, sinto-me melhor quando escrevo em meu diário. Ainda que esteja me sentindo mal, meu humor definitivamente melhora quando saio para correr. Não preciso mais comer ou beber em excesso, ou fazer compras por impulso, o que antes eu acreditava que eram formas de aliviar o estresse.

Ações positivas reforçam umas às outras. "Ele é focado", "Ele tem muita força de vontade" — só pareço ser assim quando outras pessoas percebem como sou determinado com meus hábitos.

passo 47: adapte seus hábitos quando necessário

> Toda nossa vida... é apenas um conjunto de hábitos.
> William James

Os modos de criar hábitos de que tratamos neste livro podem ser aplicados a vários aspectos de nossa vida. Por exemplo, tenho o hábito de comer muito rápido e, embora queira corrigir isso, não é algo fácil para mim. Quando divido uma refeição com uma mulher, se eu não tiver cuidado, há uma considerável diferença na velocidade com a qual terminamos de comer.

É importante comer devagar a fim de controlar nosso apetite, além de ser bom para a digestão. Sei que devia ir mais devagar, mas é difícil. Sei que para desenvolver um hábito é necessário estabelecer penalidades e recompensas. Então, defini uma regra segundo a qual meu intervalo correspondia ao tempo que estivesse almoçando. Em outras palavras, se eu terminasse de almoçar muito rápido, a penalidade era que eu teria muito menos tempo de descanso e, se eu comesse devagar, haveria a recompensa de fazer uma pausa mais longa e relaxante. Os resultados não foram tremendos, mas acho que houve uma certa melhora nesse aspecto.

Muitas pessoas não tomam os medicamentos que lhes foram prescritos, mesmo que a recompensa ao fazer isso seja a melhora de sua saúde, porque em geral é difícil ver um efeito positivo logo de cara. Então, é mais difícil transformar tomar os remédios que foram prescritos em um hábito e é mais fácil se esquecer de fazer isso.

Para se lembrar de tomar seus remédios, é bom usar algo que você faz todo dia como gatilho, como mencionei antes. É eficaz deixar os remédios perto do secador de cabelo se você o usa diariamente, por exemplo, ou até mesmo perto da escova de dentes, se preferir.

hábitos alimentares, hábitos financeiros

Para mim, as refeições são um hábito. Cozinho três refeições por dia, e a programação do cardápio é a mesma. Minha rotina é ir ao supermercado uma vez a cada três ou quatro dias, comprar os ingredientes de sempre e cozinhá-los da mesma maneira. Desta forma, como basicamente a mesma quantidade de comida todos os dias e não exagero usando a desculpa "Cozinhei demais e não vou desperdiçar comida". Comer fora e desfrutar de pratos diferentes é divertido, claro, mas uma dieta estável faz você não ganhar peso.

Hábitos também podem ser utilizados para resolver problemas maiores, como questões financeiras. Partindo da perspectiva japonesa, que tem a inclinação de economizar dinheiro, os estadunidenses parecem ter poucas economias. Segundo um estudo de 2016 feito com sete mil adultos nos Estados Unidos, 69% deles tinham menos de mil dólares em economias.

Muitos estadunidenses, quando fazem 65 anos, ficam chocados ao perceber como possuem poucos recursos financeiros. Em alguns casos, isso deve ter acontecido porque gastar dinheiro no presente supera a preocupação com a segurança financeira na velhice.

Mas temos que lembrar a nós mesmos que nossas ações podem ser controladas. Em uma grande empresa, a taxa de pessoas que participava de um plano de previdência complementar era de 40% quando a adesão era opcional, mas, quando a empresa alterou a adesão para automática e dificultou o cancelamento do plano, a taxa de adesão subiu para 90%.

Essa taxa significa que é possível melhorar questões que são consideradas de maior importância, como fundos de aposentadoria, simplesmente diminuindo os obstáculos para a adesão e, em contrapartida, aumentando as dificuldades para cancelar o que quer que tenha sido feito.

crie hábitos para seus relacionamentos interpessoais

Hábitos também podem ser empregados para melhorar nossos relacionamentos interpessoais. Se você acha que está prestes a ficar sem papel higiênico (um gatilho), pode substituí-lo sem esperar pela próxima pessoa (rotina), e pode sentir que está lidando prontamente com as tarefas domésticas (recompensa). Adquira um hábito como este e você não terá discussões inúteis com quem mora com você.

A dica de definir uma data para adquirir hábitos é eficaz em várias situações sociais. Tenho tido encontros da turma do meu colégio há mais de quinze anos, o que acho que é possível porque a data é sempre dia 30 de dezembro. Como sabemos que o encontro vai acontecer todo ano neste dia, fazemos os planos e ajustes necessários, então a taxa de participação é alta.

Também é uma estratégia eficiente para as amizades. Dois amigos próximos e eu só conseguimos nos encontrar nos nossos aniversários. É fácil de manter isso porque as datas estão definidas, e o hábito de nos encontrarmos já dura vários anos.

Estratégias para adquirir hábitos também podem ser aplicadas a relacionamentos românticos. Em geral, dizem que rapazes que prestam atenção aos detalhes são populares entre as mulheres. Elas podem gostar de serem elogiadas com frequência — e começar a esperar por isso — e de que seus parceiros digam que as amam. Note, no entanto, que pode haver casos nos quais as mulheres ficam seriamente irritadas.

Também é possível usar seu conhecimento sobre os hábitos para lidar com pessoas chatas. Embora você possa se irritar, também é possível que, por sentir empatia pela pessoa, você continue a atendê-la quando ela entra em contato com você. Ao fazer isso, a pessoa continuará a esperar a recompensa e, assim, criará o hábito de falar com você.

passo 48: crie hábitos que sejam só seus

Não é recomendável que todos pensem igual;
por causa da diferença de opiniões é que existe a
corrida de cavalos.
Mark Twain

Ishiro Suzuk analisa o treinamento intensivo que costumava enfrentar da seguinte maneira: "É verdade que, quando tinha dezoito, dezenove e vinte anos e passava o tempo no campo de treinamento Orix, eu arremessava centenas de bolas até duas ou três da madrugada. Olhando para trás, vejo que não era um jeito eficiente de treinar. Mas, se alguém tivesse me dito isso na época e eu não tivesse feito daquele jeito, pensando que era um desperdício de tempo, me pergunto se pensaria assim agora".

Quero transmitir a mesma ideia com este livro. Não decidi parar de beber porque entendi as desvantagens da bebida; foi porque eu tinha acumulado muitas experiências pessoais de arrependimento. Uma pessoa sem esse nível de arrependimento provavelmente não vai sentir a necessidade de parar de beber. Decidi que tinha que levar a sério a atitude de adquirir bons hábitos porque minha própria experiência de ficar sem fazer nada me mostrou que aquele não era um bom jeito de viver.

Não quero que os leitores apliquem à risca o que está escrito neste livro. Espero que você adquira uma metodologia original de sua autoria enquanto atravessa o processo de tentativa e erro.

Quando você se prepara para aprender algo em um livro, quer conhecer as armadilhas mais comuns sobre aquele tema. Mas não dá para entender a dor da armadilha a menos que caia nela. É por causa desta dor que você não vai cair na próxima vez. Sei que não posso adverti-lo antecipadamente de todas as armadilhas. Você vai cair em algumas delas, mesmo se tiver cuidado, esteja ciente disso.

crie hábitos originais

Ainda que eu costumasse pensar que era uma pessoa noturna, consegui me transformar em alguém matutino. E agora consigo começar o dia me sentindo bem. Acho que este exemplo pode se aplicar aos outros também, e gostaria de recomendá-lo a todos que tiverem interesse.

Masashi Ueda, cuja tirinha de jornal *Kobo, o pequeno travesso* já é publicada há um bom tempo, leva um estilo de vida completamente diferente. Ele vai para a cama às 3h30 e acorda às 10h30 porque o jornal manda buscar seus originais diários às 3h30. Fazendo uma conta de trás para frente a partir desse deadline, Ueda diz que é melhor para ele acordar às 10h30.

É esta sensação de algo ser "o melhor para si" que é importante. É verdade que eu ficaria feliz se alguém copiasse meus hábitos. Mas todos vivemos em lugares diferentes, temos idades e gêneros diferentes. É inútil sugerir a um lutador de sumô começar uma dieta. A situação varia de pessoa para pessoa, e espero que você crie um método customizado que seja bom para você.

Mas também há coisas que parecem necessárias para todos nós, apesar das nossas diferenças. Registrar nosso dia a dia é um exemplo. Você deve registrar as condições — seu humor, sua forma física, a estação do ano, o quão ocupado está — sobre as quais pode ou não pode continuar a praticar seus hábitos. Se mantiver esses registros, você começará a ver como pode evitar as dificuldades que já enfrentou antes.

Eu ficaria feliz se você lesse as entrelinhas deste livro e aproveitasse esse tipo de entendimento. Não há exemplos de hábitos que você deve adquirir. O importante é pensar por si mesmo.

passo 49: faça as pazes com a noção de que em algum momento seus hábitos vão entrar em colapso

> Os hábitos são surpreendentemente fortes e surpreendentemente frágeis.
> Gretchen Rubin

A meditação é o ato de redirecionar sua consciência para a respiração depois que você começa a divagar, mas sua consciência continua vagando, não importa o quanto você tente trazê-la de volta. O monge budista Ryunosuke Koike expressa esse fenômeno desta forma: "É como ser derrubado quando você tenta andar a cavalo, mas você continua a montar independentemente de quantas vezes caia".

Apesar de Koike estar se referindo à meditação — uma prática que todo mundo deveria transformar em hábito —, acho que essa frase descreve os hábitos de maneira geral. Não importa qual seja sua abordagem para transformar algo em hábito, você vai continuar sendo derrubado. Em algum momento, os hábitos vão colapsar. O importante é continuar reconstruindo-os.

escreva um "feitiço de restauração"

Se abandonar sua rotina normal por um breve período, ou se você se sentir impedido de fazer as coisas de sempre depois de ter se ferido durante uma viagem, por exemplo, vai descobrir que os hábitos que desenvolveu vão colapsar em questão de dias.

Uma contramedida para uma ocorrência como esta é fazer anotações detalhadas de como eram seus hábitos quando estava tudo bem, ou seja, quando você estava em estado de fluxo. A minha contramedida é a grade de horários que mencionei no início do livro. Quando mantemos anotações dos métodos que funcionaram, temos confiança de que sempre podemos retornar àquele estado.

Às vezes esquecemos coisas sobre nós, mas podemos fazer anotações para nos ajudar a lembrar desses fatos depois. Dessa forma, podemos recomeçar. Esse mecanismo é como se fosse nosso próprio "feitiço de restauração", usado para salvar os dados no jogo Dragon Quest II. É verdade que algumas coisas não podem ser recuperadas. Se você muda de residência, de emprego, se casa ou se tem um filho, você não tem outra escolha a não ser mudar os hábitos que costumava ter. Mas, depois de um tipo de acontecimento que altera a vida, acho que os métodos para adquirir novos hábitos ainda se aplicam: você pode precisar adquirir determinados costumes, como levantar cedo por causa das crianças e levá-las para a escola, ou levar o novo cachorro da família para passear.

Não são só suas condições que mudam, você também muda com o tempo. Claro, você vai ficar mais velho. Não é necessário ler um livro de biologia para ver que somos um pouco diferentes hoje do que éramos ontem. Então, para que nossos hábitos combinem com quem somos, temos que continuar a fazer pequenos ajustes.

mantenha uma sensação de novidade em adquirir hábitos

O escritor Nicholson Baker estrutura seu trabalho usando hábitos, e diz que tenta uma abordagem diferente sempre que escreve um novo livro. Por exemplo, "de agora em diante, só vou escrever na varanda dos fundos, usando chinelos e começando às quatro da tarde". Desta forma, ele mantém a sensação de novidade viva. Os hábitos sobre os quais escrevi são parte da minha vida apenas neste momento. Você tem que continuar a fazer mudanças e pequenos ajustes para não ficar entediado.

Eis um conselho de Daigo Umehara sobre fazer mudanças: "Quando quer mudar algo, uma dica é não pensar se isso vai tornar as coisas melhores. Se as coisas ficarem ruins, você pode fazer outra mudança". Isso significa que se uma mudança não transforma as coisas do jeito que você quer, você pode mudar de novo.

Entenda que comprometer-se a praticar os hábitos adquiridos é diferente de nunca abrir mão de hábitos específicos que você criou.

passo 50: saiba que os hábitos não têm fim

> Enquanto estiver vivo, continue aprendendo como viver.
> Sêneca

Uma coisa que não entendia direito sobre o minimalismo: eu achava que o processo de se tornar minimalista "acabava" em determinado ponto. Quando deixei de lado as coisas das quais não precisava, pensei: "Agora não me preocuparei mais com minhas coisas".

Achei que seria fácil se eu conseguisse achar roupas que pudesse usar a vida toda, como Steve Jobs: "Tudo o que preciso fazer é usar uma camiseta branca a vida toda. É conveniente". Mas, depois de mudar de Tóquio para o interior, não tive mais oportunidade de usar camisetas brancas, já que elas sujavam com facilidade.

Enquanto eu me livrava de coisas antigas, outras novas se tornavam necessárias, dependendo dos meus interesses. Quando percebi que minha jornada como minimalista não tinha terminado, pude mais uma vez sentir a alegria de deixar coisas para trás.

No momento, não há mais hábitos que eu queira adquirir. Mas isso não significa que parei de adquirir hábitos. Porque mesmo que eu seja capaz de desenvolver meus hábitos atuais, vai haver uns novos e mais difíceis que vou querer ter.

o próprio ato de continuar a criar hábitos é um hábito

Mesmo que não haja nenhum problema à vista, a mente das pessoas vai achar um jeito de encontrar desafios.

Somos seres, que não param de sentir um tipo de insatisfação e que precisam sempre superar algum desafio, mesmo que outras pessoas pensem que levamos uma vida pacífica. Mas há recompensas em superar tais desafios, e estes não têm fim. Isso não é, na verdade, algo com o que deveríamos nos alegrar?

Ter adquirido um hábito não quer dizer que terminamos com nossos hábitos.
Não há fim nos hábitos.
É um hábito continuar a criar hábitos.

capítulo 4

somos feitos de hábitos

começamos a entender nossos "esforços" por meio dos nossos hábitos

Lembro que, de vez em quando, meu pai dizia para nosso gato de estimação: "Você tem sorte". É verdade que às vezes dá para sentir inveja de um gato, que está sempre dormindo e tendo uma vida tranquila. Da mesma forma, sem qualquer dificuldade ou treino, um pássaro é capaz de cantar e fazer a dança do acasalamento, mas nós, humanos, temos que nos esforçar para aprender a tocar um instrumento ou para aprender a dançar. Por que os seres humanos são os únicos que precisam se esforçar?

Eu costumava ver a vida como uma competição de quem conseguia aguentar a dor. Só aqueles que aguentavam a dor de se exaurirem eram os vencedores. Mas, depois do que aprendi sobre hábitos, vejo que a realidade do esforço parece ser algo completamente diferente.

Neste livro, olhamos os seguintes pontos em detalhes:

Capítulo 1: Quando as pessoas criam ou perdem a força de vontade;
Capítulo 2: Há recompensas nas ações que parecem dolorosas para os demais;
Capítulo 3: Métodos e conceitos específicos para transformar estas ações em hábitos.

Depois de pensar tanto sobre hábitos, já temos pistas sobre o significado verdadeiro de "esforço" e "talento". Embora não possamos revelar tudo, acho que é possível fazer um esboço. Parece que esforço e talento não trabalham do jeito que as pessoas pensam.

Ichiro se esforça?

Vamos pensar primeiro no esforço. Na expressão japonesa "O esforço o fará sangrar", a palavra "esforço" está associada à dor. Será que isso é verdade?

Desde a infância, Ichiro vem praticando beisebol mais do que qualquer outra pessoa. Em um ensaio escrito no último ano da escola básica, ele afirmava: "Tenho treinos duros em pelo menos 360 dos 365 dias do ano". Quando jogava no Orix, Ichiro treinava rebatidas de duas a três horas sem parar. Outros jogadores se embaralhavam depois de vinte ou trinta minutos. O treinador Akira Ohgi queria que Ichiro treinasse com assiduidade, e disse: "Claro que ele pode se superar se treinar muito. Embora jogadores normais não possam treinar desse jeito".

Durante sua época como jogador profissional de beisebol, Ichiro era comumente o primeiro a estar em campo, onde se aquecia e treinava, mesmo nos dias de folga. Ele estava sempre no treino, independentemente se ia jogar ou não. Para quem via, podia parecer que ele estava dando duro, mas Ichiro costumava dizer: "Eu não faço esforço".

os esforços de Haruki Murakami não são demais?

Como mencionei, quando trabalha em seus longos romances, Haruki Murakami escreve dez páginas por dia, todos os dias, e nunca perde a hora de correr ou de nadar.

Mas, mesmo Murakami chegou a dizer isto em uma entrevista: "Em resumo, seja no trabalho ou em outra coisa, não faço apenas o que quero fazer, do jeito que quero fazer. Não é ser estoico ou nada assim. Dificilmente faço alguma coisa que não quero fazer. Colocar um pouco de esforço em algo que você gosta de fazer não é nada de excepcional".

Pessoas que parecem estar o tempo todo fazendo esforços hercúleos negam fazer isso ou afirmam que não é grande coisa. Por muito tempo, pensei que essas palavras eram uma expressão da modéstia típica de atletas e escritores de ponta. Claro, não podemos imaginar com facilidade o tipo de esforço que eles fazem, mas acho que consegui entender o que eles querem dizer.

A confusão é causada, provavelmente, pelo fato de que a palavra "esforço" costuma ser usada com dois significados.

separando esforço de perseverança

Acredito que seja melhor separar os dois significados contidos na palavra "esforço". O primeiro refere-se ao "esforço" propriamente dito, enquanto o segundo está conectado à "perseverança". Vejo a diferença entre eles da seguinte maneira:

- "Esforço" traz uma recompensa estável compatível com seu sacrifício;
- "Perseverança" fica em evidência quando você não tem uma recompensa legítima pelo seu sacrifício.

De maneira geral, a "perseverança" é encorajada na sociedade japonesa. Por exemplo, trabalhar em uma empresa significa receber uma "recompensa" chamada salário. A fim de receber esta recompensa, as pessoas pagam vários preços — e oferecem, dentre outras coisas, seu tempo. Outros pagamentos também podem ser exigidos, dependendo da empresa:

- Você não define o horário que entra e sai do trabalho;
- Não pode ignorar chefes, clientes ou consumidores dos quais não goste;
- É difícil tirar um tempo de folga, mesmo se você estiver bastante cansado ou precisar cuidar dos filhos;
- Você não tem livre-arbítrio para tomar decisões; só faz o que lhe é mandado.

Mas há outras formas de recompensa além do salário:

- Elogios pelo trabalho vindos de colegas e superiores;
- A sensação de união ao trabalhar em equipe;
- A sensação de que seu trabalho ajuda alguém.

Se você vai trabalhar todo dia mesmo quando não queira, já está no reino da "perseverança". Mas, se a compensação é compatível com o sacrifício, você vai em frente. Normalmente, as pessoas não querem fazer coisas quando o sacrifício é maior do que a recompensa.

se for sua escolha

Além disso, quer a recompensa que você recebe combine com seu sacrifício ou não, um ponto-chave para determinar se algo exige esforço ou perseverança é se é você quem está tomando a decisão. No teste do rabanete, os alunos que só podiam comer rabanetes pareciam perder a força de vontade. Mas também podemos olhar da seguinte forma: disseram para eles que "só podiam comer os rabanetes", embora também houvesse cookies de chocolate diante deles. Se você escolhe comer os rabanetes, em vez de ser forçado a isso, sua força de vontade não diminui. É estressante ser proibido de fazer alguma coisa ou receber uma ordem que não nos deixa escolha.

Podemos pensar no "esforço" como a tolerância adquirida para fazer o que queremos e escolhemos fazer, enquanto "perseverança" é a tolerância em uma situação na qual não temos escolha e somos obrigados a fazer algo que não queremos fazer. Continuamos a praticar nossos hábitos porque são coisas que escolhemos fazer. É possível continuar a fazer algo que se queira resolver, porque, independentemente do tipo de sofrimento que isso possa gerar, você o compreende e fez uma escolha.

diferença entre esforço e resistência

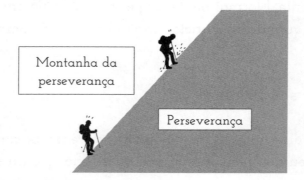

"Perseverança" é uma subida contínua sem recompensa compatível.

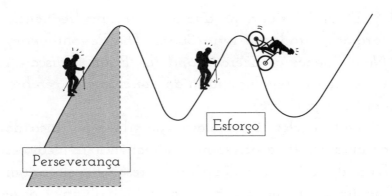

"Esforço" traz recompensas, como a sensação de realização ao alcançar o topo ou a sensação agradável da descida. Contudo, há um estágio de "perseverança" antes que algo se torne um hábito.

há estágios de perseverança nos hábitos

É provável que haja momentos em que os esforços de alguém pareçam incríveis. Às vezes, me pergunto se estou me esforçando o suficiente quando vejo uma pessoa morder o lábio e soltar um grito estranho quando levanta um halter de noventa quilos.

Mas acredito que o esforço feito por um principiante na academia, que tenta levantar um halter de vinte quilos sem compreender direito o que está fazendo, excede o esforço de alguém que levanta com regularidade o halter de noventa, por exemplo. Um padrão fácil para medir o nível de esforço é a frequência cardíaca.

Eis uma história que adoro contar sobre frequência cardíaca, tirada do livro *Spark: The Revolutionary New Science of Exercise and the Brain* (Faísca: A nova ciência revolucionária do exercício e do cérebro, em tradução livre).

Phil Lawler, um professor de educação física do ensino secundário, acrescentou a frequência às medições feitas durante suas aulas. Um dia, resolveu colocar um monitor de frequência cardíaca em uma aluna de onze anos que não costumava se exercitar e pediu para ela correr. Já que ela não costumava fazer exercício, seu tempo provavelmente não seria bom.

Mas Lawler se surpreendeu quando olhou a frequência cardíaca dela. Na teoria, a idade de uma pessoa é subtraída de 220 para chegar àquilo que em geral é considerada a frequência cardíaca máxima. Lawler não acreditou quando viu que os batimentos cardíacos da menina eram, em média, 187.

A frequência cardíaca máxima para alguém de onze anos devia ser de 209. E tinha chegado apenas a 207 quando ela alcançou a linha de chegada. Isso significava que ela tinha corrido em velocidade máxima quase o tempo todo.

Refletindo sobre aquele dia, Lawler disse: "Só podia ser brincadeira. Normalmente, eu teria ido até aquela menina e dito: 'Você precisa começar a correr, mocinha'. Comecei a pensar em todas as crianças que tinham desistido de se exercitar porque não tínhamos conseguido lhes dar crédito. E, na verdade, não tenho nenhum atleta na minha aula que saiba como trabalhar tão duro quanto aquela garotinha".

Correr o mais rápido possível é diferente de fazer o melhor possível. Toda vez que leio essa história, lágrimas começam a cair dos meus olhos. A garota que não era boa em se exercitar tinha praticamente arrebentado o peito ao se esforçar mais do que qualquer outro em sua classe.

talento interpretado por meio de hábitos

> Um escritor profissional é um amador que não desistiu.
> Richard Bach

Ao aprender sobre hábitos, minha ideia do que chamamos de "talento" acabou mudando. Eu costumava acreditar que talento era, antes de mais nada, algo que era concedido a uma pessoa em seu nascimento. Achava que estava relacionado aos genes, quer era distribuído ao nascer e que algumas pessoas tinham enquanto outras não. Eu também costumava achar que havia nascido sem talento algum, e acreditava que isso era bem injusto.

Mas me pergunto por que esta crença é tão comum. Às vezes, dizem que pessoas de sucesso não têm um talento natural, muitas vezes são elas mesmas que dizem isso.

os gênios não têm talento?

Naoko Takahashi foi a maratonista medalhista de ouro nas Olimpíadas de Sydney. Yoshio Koide, treinador de Takahashi, sempre lhe dizia: "Você não tem talento. É por isso que precisa do treino mais difícil do mundo".

Normalmente pensamos que, independentemente de como olhamos, é necessário talento para ser medalhista de ouro, certo? Kyohei Sakaguchi, o escritor que mencionei na introdução, coloca isso nos seguintes termos: "As pessoas me dizem: 'Você tem talento; os outros são diferentes'. Mas, dez anos atrás, me diziam: 'Você não tem talento, devia desistir'. A perseverança não é incrível?". Haruki Murakami também pensava, até os 29 anos, que seria feliz com uma vida tranquila, desfrutando de passatempos casuais. Estaria tudo bem enquanto ele pudesse ler, ouvir música e ter um gato. Em uma entrevista, Murakami disse: "Naquela época, eu não pensava que poderia fazer algo criativo. Não achava que teria esse tipo de talento".

Einstein e Darwin eram apenas pessoas normais?

Os gênios sempre dizem: "Sou uma pessoa comum". Charles Darwin lamentava em sua autobiografia não ter capacidade para compreensão intuitiva ou uma boa memória.

Dizem também que Einstein não era particularmente inteligente; ele apenas lidava com os problemas por longos períodos. Se Darwin e Einstein não eram gênios, então quem é?

Darwin dizia que se era melhor do que as demais pessoas em alguma coisa, era na paixão infinita pelas ciências naturais. Este é o raciocínio de Einstein: "Não tenho um talento especial. Sou só apaixonadamente curioso".

Nenhum deles se considerava particularmente capaz. Mas ambos possuíam paixão inesgotável. É por isso que foram capazes de enfrentar problemas difíceis por longos períodos. Em outras palavras, seguir em frente foi mais importante para o sucesso deles do que a capacidade que tinham.

Será que talento, em vez de ser distribuído no nascimento, não é algo que cresce de alguma coisa que não estava ali no início?

talento não é raro

Anson Dorrance é o treinador com o maior número de vitórias na história do futebol feminino dos Estados Unidos. Conquistou 22 vitórias nacionais em 31 anos e diz que talento não é algo raro: se uma pessoa pode ou não se tornar um grande atleta, isso vai depender do esforço que ela está disposta a fazer para desenvolver seu talento.

Os times de Dorrance conquistaram inúmeros resultados gloriosos não porque ele tinha habilidade de identificar e recrutar pessoas de talento para suas equipes, mas sim porque ele fazia suas jogadoras trabalharem duro.

a simples verdade sobre o talento

> Um campeão é aquele que está com o corpo curvado, encharcado de suor, próximo da exaustão, quando ninguém mais está observando.
> Anson Dorrance

Anteriormente, apresentei as conclusões do psicólogo Daniel Chambliss, que estudou nadadores de alto desempenho por muitos anos. Essas são as descobertas que ele relatou em um de seus artigos:

- O melhor desempenho é resultado de incontáveis pequenas habilidades;
- Não há nada de especial ou de super-humano no que os atletas fazem;
- Atletas alcançam resultados excepcionais por meio do esforço contínuo.

O que este artigo diz é terrivelmente comum: aqueles que trabalham com afinco se destacam. De fato, essa conclusão parece tão comum que não foi bem recebida por seus colegas. As pessoas esperavam argumentos mais provocativos como "Os genes decidem tudo", ou "Sua educação inicial determina se você se tornará um gênio". Mas a verdade é simples: a permanência diligente dos hábitos cria um talento.

Os gênios dizem que não têm talento ou que são pessoas comuns, porque os passos que seguem são bem claros.

separe-se dos gênios

> Gênio é uma palavra conveniente. Se dizem que é gênio, as pessoas provavelmente vão pensar que você está apenas administrando o talento com o qual nasceu, sem fazer esforço algum.
>
> Ai Fukuhara

Sempre criamos grandes histórias por trás dos gênios que admiramos. O desempenho perfeito do patinador artístico Yuzuru Hanyu e do ginasta Kohei Uchimura a cada quatro anos faz com que pareçam gênios de outra dimensão; e gostamos de nos animar com seu esplendor, ficamos extasiados, temos uma sensação de unidade com eles.

Angela Duckworth introduz alguns conceitos, como este criado por Nietzsche, que explicam tal tendência. Quando vemos alguém fazendo algo perfeito demais, nós não costumamos pensar "Como podemos ser assim?", porque não há necessidade de nos sentirmos inferiores quando nos comparamos a alguém que achamos ser um verdadeiro gênio, de existência divina. Dizer "Aquela pessoa é super-humana" é o mesmo que dizer "É inútil competir".

Desta forma, palavras como "talento" e "gênio" não são usadas para elogiar alguém, mas também para nos separar desta pessoa.

Quando vemos capacidades contra as quais não podemos competir, há mais alívio em acreditar que aquilo é gerado em algum lugar além do nosso alcance do que em considerar o talento como a extensão do esforço que fazemos.

o talento para adicionar e o talento para multiplicar

Do mesmo modo que diferenciamos "talento" de "perseverança", gostaria de diferenciar também "talento" de "aptidão", que igualmente costuma estar contida no termo "talento".

A poeta Machi Tawara diz que há um "talento para adicionar" e um "talento para multiplicar". Mesmo que as pessoas comecem no mesmo nível de experiência, há aquelas que conseguem construir suas habilidades pela adição e aquelas que conseguem rapidamente multiplicar suas habilidades para alcançar melhores resultados.

A diferença aqui é o que eu gostaria de chamar de "aptidão". Esta é a distinção entre os conceitos de aptidão e talento:

- Aptidão: capacidade natural ou predisposição para uma certa habilidade, que ajuda uma pessoa a adquiri-la rapidamente;
- Talento: habilidades e capacidades que adquirimos como resultado de fazer algo continuamente.

Por exemplo, há pessoas que conseguem aprender uma língua estrangeira com rapidez; podemos dizer que elas têm aptidão para isso. Quando você tem aptidão para alguma coisa, há um rápido desenvolvimento da habilidade se comparado à quantidade de esforço feito. Mas, mesmo quando não temos aptidão para alguma coisa, não devia ser possível, em algum momento, alcançarmos as mesmas habilidades e capacidades, ou "talento", com a adição, se continuarmos a nos esforçar sem desistir?

> Muitos se tornaram poetas orgulhosos porque se dedicaram a polir o que eram talentos muito inferiores em si mesmos.
> Sangetsuki (*A lua sobre a montanha*)

O que temos no início são apenas pequenas variações em nossas aptidões. Vamos dizer que uma criança pega rapidamente as técnicas durante a aula de desenho e é elogiada: "Você desenha muito bem". Como existe uma recompensa — nesse caso, receber elogios — quando bons desenhos são feitos, a criança ficará feliz e vai continuar desenhando. Ela rabisca no caderno durante a aula. Uma sensação de autoeficácia — "Eu posso fazer isso!" — é gerada, e ela mostra séries de mangás feitos à mão para seus colegas de classe. Ela vai receber ainda mais elogios e vai continuar desenhando cada vez mais. Como exercita com frequência, suas habilidades vão melhorando.

Com o tempo, a criança vai querer estudar em uma escola de artes. Mas ficará surpresa ao descobrir que há muitas pessoas no mundo que desenham tão bem quanto ela, se não melhor.

Entre essa multidão de talentos com os quais vai se deparar, ela provavelmente receberá cada vez menos elogios pelos seus desenhos, o que significa menos recompensa, e isso pode fazê-la se sentir menos motivada para desenhar. Quanto menos praticar, menos vai melhorar sua técnica, o que a levará a concluir: "Ah, bem, acho que não tenho talento".

Mesmo se só puder desenvolver seu talento por adição, suas habilidades vão se acumular enquanto você continuar se esforçando. Mas, ao ver a velocidade com a qual alguém que tem mais aptidão acumula habilidades, você pode pensar que está sendo tolo e desistir. Será que sua habilidade não parou de se desenvolver só porque parou de trabalhar nela, e não porque você não tem talento?

desistir é deixar algo claro

> Deus, garanta serenidade para que eu aceite as coisas que não posso mudar, coragem para mudar as coisas que posso, e sabedoria para saber a diferença.
> Reinhold Niebuhr

Claro que nem todo mundo pode se tornar profissional ou excepcional em algo. Sempre há um limite em algum lugar do caminho. Como disse William James, "árvores não crescem no céu".

Dizem que Dai Tamesue queria ganhar uma medalha na corrida de cem metros, mas mudou para a corrida de quatrocentos depois de levar em conta sua condição física. Há coisas que não podemos mudar, como o fato de que não nascemos na Jamaica ou que não temos dois metros de altura. Então, Tamesue desistiu dos cem metros. Mas costuma dizer que desistir é "tornar algo claro". Ele não desistiu simplesmente; ele deixou claro quais eram suas limitações.

seja convincente, mesmo se ficar doente

É isso o que eu quero fazer: aprender meus limites, torná-los claros, descobrir quais são minhas perspectivas. Quero expor meus limites e ficar verdadeiramente satisfeito com eles.

Uma doença pode ser um exemplo claro disso. No momento, durmo o suficiente, faço três refeições por dia, consumo arroz integral e diversos vegetais, além de praticar exercícios diários. Não bebo e não fumo. Eu receberia nota máxima em uma avaliação médica, e não há mais nada que eu possa fazer para cuidar da minha saúde.

Mesmo assim, posso ficar doente algum dia. E acho que serei capaz de aceitar essa situação — porque fiz tudo o que podia. A doença se tornaria uma das minhas limitações, e acho que seria capaz de fazer uma concessão neste caso.

pode esquecer uma palavra como "talento"

É aí que me recordo das palavras de Sō Takei: "Fale sobre o talento de alguém até que consiga exceder o esforço que esta pessoa fez". Uma criança pequena tenta abotoar a roupa várias vezes, mas não consegue. O que aconteceria se ela começasse a pensar: "Não tenho talento para abotoar a roupa"? E se ela visse um adulto realizar a série de ações que fazem parte de uma rotina matinal comum e pensasse: "Ele é um gênio"?

Do mesmo modo, usamos a palavra "talento" como desculpa para desistir de desafios sem saber o quão longe conseguiríamos chegar até que tivéssemos atingido nosso limite. Dizemos que "não temos talento" e é por isso que estamos desistindo.

Há diferenças em nossas aptidões, e deve haver diferenças também em nossos limites. Mas isso é algo sobre o qual devemos pensar mais tarde, depois que continuarmos a trabalhar em nossos hábitos. Não é necessário falar sobre talento em nosso cotidiano.

e quanto aos genes?

Como vimos, talento não é algo que nos é dado, ele é o resultado da continuidade. Mas os genes que herdamos dos nossos pais não estão envolvidos? Claro que eles têm um impacto.

Por exemplo, os parentes do músico Kenji Ozawa eram tremendamente impressionantes. Ozawa se formou na Universidade de Tóquio, seu pai era um pesquisador de literatura alemã, sua mãe havia se tornado psicóloga, o maestro Seiji Ozawa era seu tio, e muitos de seus outros parentes também eram famosos. Quando vemos um exemplo como este, parece que ele nasceu em uma família fora dos padrões e, claro, que isso é parcialmente verdade.

Mas, se seus parentes incluem um profissional de determinado campo, haverá menos objeções dentro da família, se comparada a outras, se você entrar nesta área. Também deve causar impacto em sua autoeficácia saber que se seus parentes são habilidosos nesta área, você também pode ser. Como poderíamos medir este tipo de impacto com testes genéticos?

genes ou ambiente?

> Meu conselho para outras pessoas com deficiência é se concentrar em coisas que sua deficiência não as impede de fazer bem, e não lamentar as coisas nas quais ela interfere.
> Stephen Hawking

É a genética que faz uma pessoa ou o ambiente? Um consenso começa a emergir dessa questão complicada e longamente debatida.

O psicólogo canadense Donald Hebb respondeu que fazer essa pergunta "é como dizer que a área do campo depende mais da largura que do comprimento". E minha resposta favorita foi dada por Walter Mischel: "Quem somos emerge de uma dança muito interligada entre nosso ambiente e nossos genes, que não pode ser reduzida a apenas uma das partes".

é mais eficaz pensar que o potencial é infinito

Snoopy disse: "Você joga com as cartas que tem". As cartas que você tem incluem suas aptidões e seus genes. Mas, por meio dos hábitos, deve ser possível mudar algumas cartas, como em um jogo de pôquer.

A psicóloga Carol Dweck tem verificado algo importante. Em um teste de força de vontade, pessoas que aprenderam que a força de vontade era sem limite se saíram melhor do que aquelas que acreditavam que ela diminuiria conforme fosse usada para completar uma tarefa. Deixando de lado a questão da força de vontade diminuir ou não, é mais eficaz pensar que ela não diminui.

Acho que com a questão do talento e da genética é exatamente a mesma coisa. Não há dúvida de que as pessoas que acreditam que há muito espaço para mudança podem chegar mais longe do que as que pensam que quase tudo já está determinado pela genética.

eu simplesmente tenho um alto nível de autoconsciência?

Enquanto praticava meus hábitos, houve uma época em que me perguntei se eu simplesmente tinha um alto nível de autoconsciência sobre o que estava fazendo. Um amigo meu me viu recusar bebida e doces e falou: "Seu estilo de vida não é para mim".

O psicólogo Barry Schwartz divide as pessoas em dois tipos: aquelas que ficam satisfeitas com a estação de rádio que estão escutando e aquelas que ficam mudando o tempo todo de estação, procurando algo para ouvir que as satisfaça.

O primeiro tipo está "bastante satisfeito", engloba pessoas que se satisfazem quando compram roupas adequadas. Os últimos são "perfeccionistas", que procuram o melhor traje e têm dificuldade de comprar roupas.

Acho que fico totalmente na última categoria. Os perfeccionistas ficam felizes se encontram algo que os satisfazem, mas pagam um preço psicológico e físico alto por descobrir este "algo". Quando estão perseguindo um objetivo, a felicidade deles pode ser completamente negligenciada.

Fico rapidamente deprimido se não pratico meus hábitos. Dizem que pessoas assim têm altas expectativas em relação a si mesmas. Há aqueles que parecem ser felizes, mesmo quando não parecem se destacar em algo em particular. Há aqueles que estão sempre com um sorriso no rosto. Eu realmente penso que talento e felicidade não estão relacionados. Acredito que não seja necessário dizer para as pessoas que já são felizes que elas precisam adquirir bons hábitos ou se esforçar mais.

a maior recompensa é a capacidade de gostar de si mesmo

> Não pergunte a si mesmo do que o mundo precisa. Pergunte a você o que o faz ficar vivo e então vá fazer isso. Porque o que mundo precisa é de pessoas que fiquem vivas.
> Howard Thurman

Uma jovem atriz disse algumas palavras que não consigo esquecer: "Gosto de mim mesma quando luto". Várias recompensas podem ser obtidas se tivermos êxito em adquirir um hábito, mas acho que a recompensa máxima é a sensação de autoaprovação, de ser capaz de gostar de si mesmo.

Um dia eu estava olhando o Twitter e algo saltou diante de mim — um tuíte de @eraitencho: "Não é um objetivo eficaz para a maioria das pessoas 'se tornar alguém com bom humor'?".

Sou basicamente uma pessoa muito tranquila, de poucas paixões, mas ainda fico animado quando conquisto todos os meus hábitos diários. Fico de bom humor quando vejo que consegui cumprir todas as coisas que deviam ter sido feitas naquele dia.

Quando as coisas vão bem e estou de bom humor, posso comemorar o esforço de outras pessoas. Quando as coisas não estão indo tão bem, quero descontar nos outros. Quando estou absorto no que quero fazer, não me incomoda muito o que os outros fazem; é como se eu não tivesse tempo para lidar com isso.

Mas as pessoas que não podem fazer o que querem e acham que são um fracasso terão a tendência de dizer que o resultado do esforço dos demais não é grande coisa. Quando você não se esforça, em geral quer rebaixar o esforço dos demais. Acho que é uma reação defensiva natural.

Um comportamento tão improdutivo como esse geralmente surge da insegurança. A verdade parece distorcida quando estamos com os olhos cheios de lágrimas. Devemos tentar permanecer de bom humor o máximo que pudermos e ser gentis com os outros.

nem todas as pessoas querem ser o melhor dos melhores

Anders Ericsson, que estudou atletas de ponta, músicos e acadêmicos, diz que não há uma única pessoa entre o *crème de la crème* que afirme que treinar é divertido. Por exemplo, uma iniciativa de completar a prova em menos de duas horas está em andamento entre maratonistas. É realmente difícil competir em algo como uma maratona, em que as pessoas se esforçam por uma coisa tão bem definida como o tempo. O desafio é nada menos do que tentar correr mais rápido do que qualquer um da raça humana já correu até hoje, e isso requer esforços além da imaginação.

Treinamentos que nos levam para muito longe da nossa zona de conforto e excedem os limites humanos prévios não são fáceis. O que almejamos não precisa ser dessa forma. Sinto que toda pessoa tem um "juiz" dentro de si.

Dá para dizer que tenho um juiz bem rigoroso, porque me sinto mal quando não consigo adquirir um hábito que resolvi conquistar. Mas, mesmo quando não levanto cedo ou não faço exercícios, posso dizer para mim mesmo: "Ah, bem, está tudo certo", e ficar de bom humor.

Vi um antigo amigo do ensino médio que estava com excesso de peso. Sobre esse ganho repentino de peso, um dia, no meio de uma conversa, ele riu, dizendo: "Está tudo bem agora". Ele tinha definido que desistiria, ou seja, tinha deixado suas limitações claras. Embora eu não esteja almejando alcançar a mesma condição do meu amigo, todos precisamos ter uma convicção igual a dele.

os hábitos não são simplesmente uma vida primitiva?

> Pela simplicidade que está deste lado da complexidade, eu não daria a mínima, mas pela simplicidade que está do outro lado da complexidade, eu daria minha vida.
> Oliver Wendell Holmes

As palavras acima me fazem querer parar e dizer: "Ei, espere um minuto". Quando olhamos para os hábitos que praticamos agora, percebemos que são bem simples. O psiquiatra John Ratey diz: "Acho que o melhor conselho é seguir a rotina dos nossos antepassados".

A rotina dos nossos antepassados era assim: eles acordavam ao nascer do sol e iam dormir quando o sol se punha. Eram nômades, caçavam ou coletavam comida — trabalho, exercícios — por períodos que não eram muito longos, recebiam ensinamentos da natureza e dos mais velhos — aprendizado — e cantavam e dançavam — hobbies, artes.

O corpo humano é equipado com uma estrutura ideal para esses tipos de atividade. Fica fácil para os neurônios se desenvolverem quando nos exercitamos e os hormônios do estresse são liberados, tanto que, às vezes, nos sentimos eufóricos quando há dor em quantidade adequada no exercício. Mas, quando o sistema de transporte se torna tão desenvolvido quanto hoje, não precisamos nos exercitar, e há momentos em que nossos corpos mal se movem. Então, fica difícil experimentar as alegrias para as quais fomos equipados inicialmente.

Comprar um carro, desfrutar de uma viagem, ir a um restaurante, garantir que nossos filhos tenham uma boa educação. Os custos de vida hoje são imensos. Então, temos que sacrificar nosso precioso sono e trabalhar para ganhar dinheiro para pagar estes custos. De certa forma, colocamos nossas prioridades nos lugares errados.

Acho que depois de fazer desvio após desvio, consegui, por meio dos meus hábitos, a alegria que devia ser capaz de sentir naturalmente, apenas por viver.

uma era em que viver está ligado ao desenvolvimento

Sinto que, antigamente, a vida podia ser repleta de uma sensação de alegria, conforme a sociedade se desenvolvia. Isso era possível porque as pessoas ainda não tinham dividido o trabalho em campos especializados.

No passado, não aprendíamos somente técnicas de rastrear e capturar presas. Prevíamos o tempo olhando nosso ambiente, procurávamos água, tecíamos roupas e construíamos utensílios. Desenhávamos e líamos nossa sorte. Provavelmente existiam tantas surpresas que não poderíamos aprender tudo em uma só vida.

Mesmo se não olharmos para a época em que as pessoas caçavam, as coisas eram mais ou menos iguais pouco antes da Segunda Guerra Mundial, quando a maioria começou a trabalhar em empresas.

Ser *hyakusho* (a palavra japonesa para "fazendeiro") significava que a pessoa podia fazer um *hyaku* (uma centena) de trabalhos. Quanto mais tempo a pessoa vivia, mais coisas ela aprendia, então era bastante natural respeitar aqueles que eram mais velhos. Viver estava diretamente ligado ao desenvolvimento naquela época.

por que as pessoas tendem a buscar o desenvolvimento?

Segundo o atleta, artista e escritor Gregory Burns, uma grande quantidade de dopamina é liberada quando encontramos algo inesperado ou fazemos atividades que nunca fizemos antes — em outras palavras, quando sentimos que algo é novo. Burns pensa que, mais do que qualquer coisa, isso acontece porque obter novas informações sobre um ambiente nos ajuda a sobreviver.

O psicólogo Robert W. White afirma o seguinte: as pessoas reúnem informações sobre seu meio ambiente e, desta forma, aumentam sua capacidade de atuar naquele lugar. Elas têm o instinto de refletir sobre e testar o que podem fazer pelo ambiente.

Quem fica animado ao assistir a Nasu-D, um produtor de TV conhecido por suas viagens de aventura, e que sonha em ir para uma ilha deserta paradisíaca, como a de filmes como *Náufrago*, deve ser capaz de entender bem este instinto. White chama este instinto de "competência".

Provavelmente, teríamos sido capazes de ter uma noção completa desta competência se vivêssemos há dez mil anos, quando as pessoas ainda eram nômades. Se mudássemos de casa de tempos em tempos, teríamos a alegria de explorar nosso novo ambiente a cada vez, e ainda haveria a alegria de conquistar o controle desse novo ambiente.

Este instinto é, possivelmente, o que instiga o ser humano à curiosidade e também ao desejo de autodesenvolvimento.

uma era em que o desenvolvimento precisa ser buscado intencionalmente

Sinto que, ao contrário da maneira como viviam nossos antepassados, as pessoas hoje em dia têm que buscar oportunidades para conseguirem se desenvolver intencionalmente. Vou dar um exemplo da minha própria vida. Quando aprendi sobre algumas plantas que eram comestíveis, comecei a olhar com seriedade para a vegetação que crescia na beira das estradas, e o cenário mudou. Quando participei de um workshop sobre trabalhos de gesso e piso, descobri que tenho interesse em métodos de reforma para lojas e, quando comecei a estudar arquitetura, esperando construir minha própria casa móvel, comecei a ver os templos de uma forma diferente. Depois de descer uma corredeira em um bote de borracha, eu passei a me perguntar "Como daria para descer aquele rio?" sempre que eu via um rio através da janela do meu carro.

Você começa a ver o mundo de uma forma completamente diferente. Antigamente, por necessidade, as pessoas costumavam identificar tipos de plantas comestíveis, estruturas, formas existentes de cruzar um rio e assim por diante por meio de suas experiências cotidianas. Como já não precisamos mais fazer coisas assim hoje em dia, temos que realizar um esforço consciente para procurar diferentes oportunidades de conseguirmos aprimorar nossa curiosidade.

É o mesmo paralelo que traço sobre meu corpo. Quanto mais pratico ioga, mais sou capaz de ouvir o que meu corpo tem a dizer. Quanto mais corro, mais próximo fico do meu corpo.

Se não cultivarmos nossas próprias oportunidades de desenvolvimento, só seremos capazes de encontrar alegria em diversões "prontas" da sociedade moderna. Parques de diversão e jogos para smartphones também são divertidos — uma vez que são projetados para que as pessoas possam desfrutar deles. Mas atividades estruturadas no estilo "Desfrute disso deste jeito", em que o modo de diversão já está decidido, em algum momento vai nos entediar. Então, algum dia, acabaremos entediados com nós mesmos.

Transformar em hábito a busca por oportunidades de desenvolvimento e conquistar a sensação de que estamos sempre fazendo algo "novo": estas são coisas que satisfazem o instinto humano.

há um furo no pote da felicidade

> Não se deixe levar pelo sucesso! Deixe-se levar pelo desenvolvimento.
> Keisuke Honda

Há outros motivos pelos quais sinto que o autodesenvolvimento constante é extremamente necessário. Esta coisa chamada felicidade não é algo que pode ser estocada. Há um grande furo no nosso pote que armazena a felicidade.

Já falei sobre atletas olímpicos que entram em depressão e também sobre astronautas com sintomas similares. Embora a escala seja completamente diferente, acho que posso considerar que tenho uma experiência parecida a essas. Meu livro anterior, *Dê adeus ao excesso*, vendeu muito bem ao redor do mundo, tendo sido traduzido para mais de vinte idiomas. Reedições foram publicadas continuamente e acho que centenas de veículos de mídia no Japão e no exterior noticiaram o livro. Ainda sou grato por receber e-mails de pessoas de outros países dizendo: "Minha vida mudou". Visto de fora, foi um grande sucesso.

Considero essa uma realização mais do que suficiente para um indivíduo, antes completamente desconhecido. Mas a verdade é que realizar algo se torna nada mais do que um simples ponto de referência em um piscar de olhos.

Depois de continuar a dizer a mesma coisa repetidas vezes durante as entrevistas, tive a sensação de que estava desaparecendo. Quando voltei e li meu diário, descobri que muitas vezes me senti atormentado depois do sucesso do meu primeiro livro. Bebia demais e fiquei deprimido, e continuava me sentindo mal com o fato de que não podia mais sentir algo substancial no meu trabalho.

A felicidade não é como dinheiro; não dá para fazer uma "economia de felicidade", felicidades antigas que você guarda para compensar uma sensação de insegurança depois.

A força de vontade é afetada pelas ações que você acabou de fazer. Quando você termina de realizar algo, uma sensação de autoaprovação toma conta de você. Então, é necessário criar uma sensação de satisfação todos os dias, além de uma sensação de desenvolvimento substancial. Não dá para sentir autoaprovação falando de realizações passadas.

suas incertezas não vão sumir, então lide bem com elas

> Mesmo quando ganhar experiência, suas incertezas não vão desaparecer. A única forma é agir junto com suas incertezas.
> Ren Osugi

Ao ter a sensação de autoaprovação por meio dos meus hábitos, fui capaz de lidar bem com incertezas. Um freelancer tende a ter incertezas do tipo: "Vou continuar tendo trabalho?", "Quanto dinheiro sobra das minhas economias?". Mas não tenho mais incertezas como essas.

Não foi quando minhas economias diminuíram que fui atingido pela incerteza. Foi no fim de um dia em que não fui capaz de fazer um trabalho substancial e acabei ficando por algumas horas à toa. O que desencadeou o início das incertezas não foram preocupações objetivas, como o equilíbrio das minhas finanças, mas alguns arrependimentos que eu tinha.

A mesma coisa acontecia quando eu pensava em questões com o meu peso. Havia momentos em que eu fazia exercícios suficientes e mantinha o controle da alimentação e, no dia seguinte, percebia que tinha ganhado alguns quilos. Mas passei a notar que não me sentia mal quando isso acontecia. Mesmo quando não atinjo a meta, eu não fico incomodado, porque fiz o que precisava fazer. O que me deixa mal é quando sei que não estou fazendo o que devia.

Incertezas e preocupações são realmente uma questão de humor. Não é sobre o problema em si; é sobre seu humor, sobre como você está olhando para o problema. Corro quando me sinto deprimido. Melhoro o fluxo de sangue para o cérebro e consigo ajuda da dopamina e do cortisol. Dessa forma, me sinto melhor e começo a sentir que posso resolver meus problemas da forma que quiser.

incertezas são necessárias

A dor é desagradável, mas é um sinal importante. Se fraturar sua perna, mas não sentir dor, você não será capaz de proteger o local afetado e vai acabar piorando a situação. O mesmo vale para a fadiga. É um sinal de que o dia está cumprido, de que realizamos algo.

A incerteza também é um sinal. Sem ela, as pessoas tomariam atitudes temerárias, sem pensar antes. Fazemos planos por causa da nossa incerteza. Incerteza em excesso não é algo bom, mas ter uma quantidade adequada dela é um sinal de que você está bem posicionado para o autodesenvolvimento. Já mencionei que quando estamos focados em adquirir hábitos, não temos mais tempo para nos preocupar. E quando você tem uma sensação diária de autoaprovação por meio de seus hábitos, você se torna capaz de lidar bem com as incertezas já que elas nunca desaparecem. As incertezas são o que sentimos em relação ao futuro. O que está adiante, depois do seu cuidado com o presente, é o futuro. E não há como o futuro, o resultado do presente no qual você acumula satisfações diariamente, acabar mal.

a mente é feita de hábitos

> Tudo o que somos se ergue de nossos pensamentos. Com nossos pensamentos, fazemos o mundo.
> *Dhammapada: Os ensinamentos de Buda*

Não são só as ações que as pessoas resolvem fazer no início do ano, como levantar cedo e praticar exercícios, que a estrutura dos hábitos faz funcionar. Nossa mente também é feita de costumes. Por exemplo, palavras que as pessoas repetem muito são hábitos, no sentido de que falam sem pensar.

Quando uma criança em idade pré-escolar pega um ônibus, nosso coração se aquece ao ouvi-la dizer em voz alta: "Obrigado". Mas, às vezes, ao longo do caminho, conforme ficamos mais velhos, paramos de dizer palavras de apreço.

Embora estejamos pagando a passagem, não chegaremos ao nosso destino se o motorista não dirigir o ônibus. E o troco não vai aumentar se expressarmos nosso sentimento de gratidão. Em vez disso, haverá um aumento no orgulho do motorista pelo trabalho dele na sua sensação de autoeficácia, se expressarmos nosso sentimento de gratidão ao que está sendo feito. Pensando assim, resolvi começar a dizer "Obrigado" sempre que pego um ônibus.

    Mesmo em algo tão simples assim, eu ficava ressabiado no início. Meu coração acelerava quando pegava a carteira para pagar a passagem; eu sabia que a maioria dos outros passageiros não diria "obrigado" ao motorista. Contudo, conforme continuei a repetir a ação, as palavras de gratidão começaram a sair naturalmente toda vez que entrava em um ônibus. Isso se tornou um hábito.

o hábito de sorrir e de ser gentil

Quando alguém derruba o lenço no caminho, eu o pego imediatamente. Não é uma ação que tem relação com um pensamento, é um hábito de gentileza. O que me tocou quando fui a Nova York era que todo mundo ajudava sem pensar duas vezes quando via uma pessoa passando com um carrinho de bebê. Ser gentil com desconhecidos é um hábito, um reflexo. No Japão, todo mundo pode querer ajudar, mas as pessoas vão hesitar um pouco.

    Vamos lembrar que força de vontade não é algo que diminui ao ser usada, pelo contrário: é algo que se recupera com nossas emoções. Um pouco de gentileza traz alegria para quem a oferece e para quem a recebe. Depois de sermos gentis, somos capazes de lidar melhor com os desafios da nossa própria vida.

Algumas pessoas têm sorrisos gentis — sorrisos contagiantes. Não sou bom em sorrir, os músculos mímicos ao redor da minha boca costumavam ser rígidos. Então, criei o hábito de sorrir quando me olhava no espelho em casa. Pode parecer estranho, mas depois de fazer isso várias vezes, fui capaz de sorrir automaticamente, só de ver um espelho. Ainda não sou bom em sorrir para outras pessoas. Mas, depois de tornar isso um hábito, ficou um pouco mais fácil do que costumava ser quando alguém ia tirar uma foto minha. Algo que pensamos ser parte da nossa personalidade pode mudar com um simples hábito.

o hábito de pensar

Costumava pensar que eu era realmente ruim em falar em público, mas mudei de ideia para poder falar sobre minimalismo, ao participar de vários programas de rádio. Então, por algum motivo, as respostas começaram a sair com suavidade, não importando qual era a pergunta.

Não era de estranhar, porque eu já pensava sobre o minimalismo havia muito tempo e, enquanto escrevia *Dê adeus ao excesso*, tinha pensado repetidas perguntas que imaginava que seriam feitas. Então, para mim, as questões eram o gatilho, e as respostas que eu dava eram uma rotina com a qual eu já estava familiarizado.

Provavelmente, não é o ato de falar em público em si no qual as pessoas não são boas. Qualquer um, não importa o quão inteligente seja, provavelmente vai dar uma gaguejada se alguém lhe pedir um comentário repentino sobre um assunto no qual nunca pensou antes.

Desta forma, podemos dizer que declarações que saem de repente da boca de uma pessoa são moldadas por seus hábitos de pensamento. Há vários pensamentos que se tornaram hábitos para mim, como resultado de pensar continuamente sobre o minimalismo.

Enquanto o valor predominante no mundo de hoje é o acúmulo de posses, aprendi que dá para ter bastante coisas tendo muito pouco. Desenvolvi o hábito de pensar na seguinte questão: "Os valores nos quais o mundo de hoje acredita são verdadeiros?".

Acabei entendendo que você perde alguma coisa quando obtém algo, e que ganha algo quando perde alguma coisa. Comecei a perguntar a mim mesmo: "Qual é o valor de não ter algo?".

Por exemplo, talvez eu veja uma família com filhos que parece feliz durante um piquenique no parque, e em alguns momentos eles vão parecer deslumbrantes, mesmo para mim, que não tenho filhos. Mas, no momento seguinte, vou me lembrar do valor da liberdade e da vida despreocupada que tenho.

Você pode começar a reconhecer automaticamente os valores que são importantes para você sem ter que inspecioná-los a cada vez. Não há como esquecer o que é importante na sua opinião; é necessário apenas colocar estes valores em prática todos os dias. Estes são hábitos de pensamento. Os valores que escolhemos várias vezes vão se tornar hábitos em algum momento. Então, seremos capazes de escolhê-los praticamente sem um pensamento consciente.

As escolhas do artista e escritor Tarō Okamoto são sempre bem definidas também: "Qualquer coisa que provavelmente vai falhar". Ele sempre escolhe encarar os desafios mais difíceis, os que aparentemente poderiam arruinar seu sucesso.

Não nos preocupamos de modo consciente com a maioria de nossas escolhas; elas são decididas imediatamente pelos nossos hábitos. As pessoas não têm capacidade de considerar cada escolha em detalhes e escolher o que for melhor. Mas, independentemente dos resultados, podemos aceitar as escolhas que fizemos se elas estiverem alinhadas com nossos valores.

O que as pessoas são capazes de fazer é olhar para trás e acreditar que fizeram a melhor escolha. As pessoas que sabem disso tomam decisões com mais rapidez.

hábitos são feitos neste exato momento

William James usava a imagem da água escavando um canal para si mesma correr para descrever o processo de desenvolver um hábito. Se a água tentar fluir por um caminho que ainda não existe, o fluxo só vai se espalhar, já que não há boas passagens logo de início. Mas, conforme a água continua a fluir sem parar na mesma direção, um canal é formado e fica mais profundo e mais largo. O fluxo da água é exatamente como o circuito neural. Sinais elétricos são enviados para os neurônios, que recebem o estímulo, e a conexão se torna mais forte na medida em que o fluxo aumenta.

Há um ditado que diz: "Uma pessoa vai se tornar exatamente o tipo de pessoa sobre a qual pensa o dia todo". Cada um dos setenta mil pensamentos que um indivíduo tem ao longo de um dia se refletirá em seu interior, e gradualmente causarão um impacto.

Deus pode estar ocupado demais para ver o que você está fazendo. Mas seu cérebro está sendo impactado neste exato momento pelas coisas que está pensando e vendo, e isso continua a criar hábitos.

a dor de ficar à toa, a dor de ser ativo

> Você não precisa usar o cérebro para deixar coisas de fora. Deve usá-lo para colocar algo lá dentro.
> Do filme *Próxima parada: Bairro boêmio*

Durante os seis meses que fiquei à toa, certamente desfrutei de algumas coisas, mas não experimentei a alegria do desenvolvimento ou de alguma satisfação. Foi doloroso.

Podemos ver pessoas incapazes de se mexer ou de trabalhar e culpá-las, dizendo: "São preguiçosas". Então, essas pessoas vão ser deixadas de lado e você pode pensar: "É responsabilidade delas". Mas sei que um estado no qual você está sendo preguiçoso ou está "só" se divertindo não é realmente agradável. É uma situação verdadeiramente difícil, na qual não há sentimento de autoaprovação ou autoeficácia.

Por outro lado, pessoas ativas também sentem dor. As recompensas que elas recebem, como salário ou elogios dos demais, podem parecer grandes. Mas há uma dor por trás do esforço que fazem, e elas também sentem muita pressão por parte da sua comunidade.

Quando perguntaram se escolheria o mesmo caminho se nascesse de novo, Ichiro Suzuki disse: "Nunca". Daqui em diante, é minha imaginação funcionando: mesmo quando continuamos a produzir resultados, as pessoas gradualmente começam a dar aqueles resultados como certos se estamos no nível de Ichiro. Parece impossível que nos tornemos fracos, mesmo quando ficamos mais velhos. Mas ele é Ichiro; devia ser capaz de lidar com isso. Se as expectativas ficarem grandes o suficiente para entrar no Hall da Fama, então talvez as recompensas que alguém como Ichiro pode obter diminuam.

a felicidade de um ponto de vista emocional

A força de vontade não pode ser completamente treinada, porque está ligada às nossas emoções — e elas nunca estão sob controle total, não importa o quão longe você vá. É possível ver uma prova disso quando olhamos para o modo como pessoas "de primeira linha" reagem.

Atletas profissionais acabam sob a influência de drogas, tornam-se viciados em sexo ou não conseguem superar a tentação do doping. Não importa se são políticos, produtores de cinema ou o que seja; todos temos em mente os escândalos das pessoas de sucesso. Até Eric Clapton e Brad Pitt se tornaram dependentes de álcool, e o último jogo de Zinédine Zidane terminou com uma pancada na cabeça.

Bruno Mars, que ganhou sete prêmios Grammy em 2018, foi ao Japão pela primeira vez em quatro anos e fez uma apresentação ao vivo no Saitama Super Arena. Ele ficou zangado com algumas pessoas sentadas na fila da frente da plateia, que tiravam selfies durante a apresentação, e jogou toalhas nelas. Não importa o sucesso que tinha, ele ficou mais infeliz naquele momento do que as pessoas sentadas na plateia, rindo.

Portanto, pessoas são pessoas, não importa o quão longe cheguem. Mas esperamos que pessoas de destaque e que estão em posição de responsabilidade exerçam sua força de vontade 24 horas por dia, sete dias por semana. Não há alguém no mundo que possa fazer isso. A força de vontade está ligada às emoções, e não há alguém que não tenha emoções.

Então, devemos ver estas pessoas de destaque como seres humanos iguais a nós. Seria, no mínimo, errado negar tudo o que uma pessoa já conquistou quando ele ou ela comete um erro. Porque não importa o sucesso que alguém faça, ainda há um lado humano nessas pessoas que as torna muito mais cativantes.

todo mundo é feliz em um grau justo e infeliz em um grau justo

> É só quando estamos comprometidos de alguma forma —— você sabe, concentrados, absortos, inspirados, comunicando, descobrindo, aprendendo, dançando, pelo amor de Deus! —— que experimentamos a felicidade como um subproduto, um efeito colateral. Ah, não, não devemos nos preocupar tanto em perseguir a felicidade, mas com a felicidade da perseguição.
>
> Do filme *Hector e a procura da felicidade*

Uma pessoa não pode continuar a se alimentar da mesma felicidade que sentia com algo que já adquiriu. O psicólogo evolucionista Daniel Nettle explica essa tendência humana assim: você pode gostar de uma plantação de morango, mas há um bom salmão no rio logo ali.

Uma plantação de morangos é o bastante para se viver, e deve ser fácil mantê-la desde que não nos deparemos com desafios inesperados, mas, por algum motivo, as pessoas não se satisfazem com isso. Aqui está a explicação biológica: quando superestima algo que já tem (o morango), você não será capaz de sobreviver quando seu ambiente mudar. Por outro lado, se puder achar um substituto, você será capaz de sobreviver, mesmo se a plantação de morangos original se tornar um lugar inútil. Por isso, as pessoas estão sempre buscando a coisa seguinte.

As pessoas seriam mais felizes se pudessem se satisfazer com o que já têm, sem ficarem entediadas. Mas somos instintivamente inclinados a ficar entediados com o que temos e a perseguir coisas novas. Então, não importa quanto sucesso temos, ainda vamos nos preocupar e achar motivos para sentirmos insegurança — porque somos muito bons nisso. Vamos nos acostumar a qualquer ambiente e ficaremos entediados com isso. Biologicamente, as pessoas prosperam por causa deste instinto.

Preocupações, aflições: é melhor pensar nelas não como questões pessoais, mas como estruturas com as quais as pessoas nascem. Uma das canções do músico Kenta Maeno diz mais ou menos assim: "Preocupações, aflições, fantástico!". Se precisamos levá-las conosco para sempre, podemos muito bem fazer com que elas se tornem nossas amigas.

Quando escrevi meu livro anterior, tive insights profundos. Alcancei um sucesso fantástico. Mas meu próximo objetivo estava logo ali, e não poderia deixar de querer fazer bem de novo. Vai ser a mesma coisa na próxima vez, e acho que o único jeito de prosseguir com isso é acumulando novos sucessos. Não penso mais sobre o que é a felicidade.

Ser capaz de dormir com a mente em paz, ter comida na mesa e compartilhar a vida com amigos e entes queridos: uma vez que a pessoa preenche essas necessidades, ela será feliz e infeliz, não importa o quão longe chegue.

um parceiro chamado sofrimento

> O sofrimento não vai desaparecer. As coisas desaparecem quando você sofre.
> Sochoku Nagai

Quando comecei a adquirir hábitos, eu pensava na alegria e no sofrimento assim:

- Primeiro você sofre e depois se diverte = esforço;
- Primeiro você se diverte e depois sofre = negligência.

Eu costumava me perguntar se a diferença entre alegria e sofrimento era a ordem, e se esforço e negligência eram formados basicamente pelas mesmas ações.

Conforme continuei a praticar meus hábitos, prazer e dor se tornaram ainda mais difíceis de serem compreendidos. Naturalmente, o esforço inclui sofrimento. Você fica sem fôlego quando corre, e seus músculos gritam ao levantar o halter. Mas, assim que essas ações terminam, você tem uma sensação de satisfação. Conforme continua a repetir essas ações várias e várias vezes, começa a entender que é por causa do sofrimento que você agora tem a sensação de satisfação.

Quando repetir essas ações vezes suficientes, você vai se tornar incapaz de dizer se é sofrimento ou alegria que está sentindo. Com o tempo, vai descobrir que alegria e sofrimento são dois lados de uma mesma moeda, ou que talvez estejam sobrepostos. Você começa a sentir que a alegria é aparente dentro do sofrimento e experimenta prazer e dor ao mesmo tempo.

O sofrimento não vai embora depois que ações como correr e levantar pesos se tornam hábitos. Mas você se acostuma ao fato de que o sofrimento existe e — como posso dizer isso? — começa a parecer uma pessoa qualquer que está sempre por aí.

Eu costumava pensar que reduzir o sofrimento o máximo possível era uma coisa boa, mas parece que não é o caso. Sobre aperfeiçoar-se no budismo, o monge Sochoku Nagai diz que quando a limpeza é parte do treinamento, você é ensinado a eliminar completamente racionalizações como "Isto já está limpo, então não precisa ser limpo".

"Como você tem que fazer muitas coisas e não tem tempo para pensar, em algum momento você se torna capaz de se concentrar, em cada situação, em cada coisa que deve fazer. Então, seja um ganho ou uma perda, um prazer ou uma dor, você começa a tomar cada vez menos decisões. Eliminar a diferença entre perda e ganho e entre prazer e dor é o que chamamos de 'alcançar a iluminação'."

Acreditava que podíamos competir com a dor e vencê-la, e conquistar uma alegria que ia muito além. Mas comecei a considerar a dor que estava diante de mim a partir de uma perspectiva distinta. A palavra "competir" vem de uma palavra em latim cujo significado original é "lutar junto". Como se eu estivesse no tiroteio de um filme de ação, agora tenho a sensação de que dependo de uma nova parceira chamada dor, e confio que ela vai proteger minha retaguarda.

O sofrimento não é inimigo. É um parceiro com quem você pode lutar.

correr enquanto penso, pensar enquanto corro

Estou agora imaginando uma cena.

Sempre sonhei em correr uma maratona, mas, por muito tempo, fui apenas um espectador, pensando que tudo o que podia fazer era aplaudir depois de ver o desempenho dos corredores. Eu não tentava correr tampouco. Tudo o que fazia era ler livros que tinham títulos do tipo *Como terminar uma maratona*. Eu morria de medo de fazer papel de bobo.

Um dia, reuni coragem para participar de uma prova. Mas, novamente, fui pego de surpresa antes de estar preparado. Eu devia ter ouvido o tiro de largada. Mas estava nervoso demais para fazer isso. Fiquei ali amarrando meu tênis e fazendo uma extensa rotina de alongamentos.

Enquanto isso, os outros atletas já tinham começado a correr. Eles estavam prestes a cruzar a linha de chegada — e ali estava eu, apenas começando a maratona.

Fiquei bem para trás. Todo mundo já tinha começado a guardar as coisas para ir embora quando atravessei a linha de chegada. Mas foi quando, por fim, percebi que aquilo não importava. Não importava o quanto eu ficasse para trás, se tinha sido capaz ou não de completar a prova no tempo determinado, estava tudo bem. Enquanto eu tivesse aquela sensação de satisfação, estava tudo bem. Não estava na área dos espectadores, nem sentado diante da TV. Estava correndo a maratona, assim como os outros atletas.

Sofrimento: "Parece que a coisa vai ficar difícil agora. Quer desistir?".

Eu: "Ei, você sabe com quem está falando?".

Vou amarrar o tênis, começar a correr e ver como as coisas terminam.

posfácio

Escrever este livro foi um grande desafio. Um desafio? Todo dia eu sentia como se estivesse estagnado. Não tinha o hábito de escrever todos os dias; este foi o último hábito que adquiri.

Meu diário diz que em 7 de janeiro de 2017, conforme escrevia enquanto viajava de trem para Ochanomizu, recebi um sinal dos céus: "Hábitos vão ser o tema do meu próximo livro". Dois anos e meio se passaram antes da publicação. Por que demorou tanto? Entendo a razão agora.

Como John Updike colocou — palavras que introduzi no passo 32 —, "você pode passar sua vida sendo um escritor e se livrar totalmente da escrita". Eu realmente tinha me acostumado a não escrever, e "não escrever" se tornou um hábito. Então, não podia ter escrito este livro sobre hábitos sem o conhecimento que adquiri no processo. Foi meio estranho aprender um conteúdo sobre o qual estava escrevendo, conforme me tornava capaz de escrever sobre ele.

Dado que o processo de escrita demorou tanto, pedi um adiamento da data de lançamento em numerosas ocasiões e, cheguei a traçar uma manobra que só um ex-editor poderia fazer pouco antes do deadline final. Foi na mesma época do casamento e da lua de mel da minha editora, Mai Yashiro. Pensei: "Tenho que estar com o livro pronto antes disso e permitir que ela viaje se sentindo bem". Mas, no final das contas, não consegui. Mesmo sob estas condições, sua personalidade acolhedora me ajudou. Peço desculpas, Mai, do fundo do coração. E parabéns pelo casamento.

Katsuya Uchida, do departamento editorial, leu meu original e me deu alguns conselhos quando não era sequer responsável pelo projeto. Percebi novamente como é necessário para meu processo de escrita ter como editor alguém que lê e dá suas impressões. Obrigado, Katsuya.

Fico feliz pela consideração que Yuki Aoyagi, editor-chefe do departamento editorial, demonstrou ter para com um novato como eu. Sim, este livro foi publicado pela Wani Books, onde trabalhei. Então, fico feliz de conhecer as pessoas envolvidas nesta obra. Toshiyuki Otsuka, do departamento de produção, Tokimasa Sakurai, do departamento de vendas, e todos os demais, aqui estou eu causando problemas para vocês mais uma vez.

Também estendo minha gratidão a Seiko Yamaguchi pelas ilustrações que superaram minhas expectativas ("Seria legal se ficasse assim..."), e ao designer Atsushi

Nishitarumi pelas tantas ideias para a capa da edição japonesa — foi difícil dizer qual era a melhor — e por atender os meus pedidos detalhistas.

Continuo sendo um incômodo para o pessoal da diagramação, da revisão e da impressão. Preciso fazer as coisas direito logo de cara, sério. Foram muitas reflexões a este respeito. Obrigado desde já às pessoas da distribuição e das livrarias.

Obrigado a todos de quem falei neste livro: pesquisadores, artistas e atletas. Em vez de dizer que escrevi este livro, vou dizer que digeri, editei e rearranjei do meu jeito tudo o que vocês disseram. Eu admiro sinceramente seus esforços.

Agora, como fiz no meu último livro, quero agradecer aos meus pais. Isso é o que Walter Mischel, do teste do marshmallow, o tema central deste livro, disse sobre criar filhos: não eram as crianças controladas excessivamente pelos pais, mas aquelas cujas escolhas e independência eram respeitadas que obtinham as habilidades necessárias para terem sucesso no teste do marshmallow. Embora eu achasse que era uma pessoa com pouca força de vontade, acho que o fato de ter sido criado pelos meus pais deste modo deve ter relação com os hábitos que adquiri.

Comecei a me exercitar aos 29 anos. Lembrei recentemente que isso aconteceu por influência do meu pai, que morreu naquele ano, quando ainda tinha um longo caminho pela frente. Era como se ele me dissesse: "Sempre se exercite adequadamente e faça as coisas com moderação", e foi por isso que comecei a me exercitar na época. Ah, e também fui influenciado pela minha mãe, que era maratonista. Muito obrigado, mãe.

    Agora, um dos segredos de transformar algo em hábito, como disse no capítulo 3, é fazer publicidade. Deste modo, você coloca pressão em si mesmo. Acho que também vou revelar o assunto dos meus próximos livros. Um, eu gostaria de escrever com mais detalhes sobre parar de beber, assunto de que tratei um pouco neste livro. O título de trabalho é *Largue o álcool de um jeito divertido*. É divertido beber, mas também é divertido parar de beber. (Não se preocupe, não vou recomendá-lo para pessoas que não querem parar.) Também quero escrever sobre o importante tópico das emoções e do dinheiro, e escrever algo como "a teoria da emoção e do dinheiro". E sobre aquele truque cognitivo no qual as pessoas pensam nos marshmallows como se fossem nuvens. O título seria algo como *Vá em frente e reescreva a realidade como desejar*.

    Da próxima vez, gostaria de tentar várias coisas, como tocar diferentes projetos ao mesmo tempo. Vou começar a trabalhar no próximo livro assim que terminar este original, do mesmo modo que Anthony Trollope, o deus dos hábitos a quem amo e respeito (mas cujas obras não li), faz.

    Mas, meu Deus, meu livro anterior foi muito traduzido, e editores estrangeiros falam coisas como: "Adoraríamos traduzir um novo trabalho do Fumio Sasaki". O original não estava pronto, e acho que era só por causa da pressão. Mas, se não quisesse responder às expectativas de pessoas como essas e de leitores que dizem "Já encomendei seu livro", mesmo antes de ser lançado, eu provavelmente não seria capaz de escrever livros.

Sou solteiro e me mudei para o interior, onde vivo agora. Provavelmente, continuarei a viver desta forma no futuro próximo. Mesmo um cara como eu não poderia escrever se não fosse pelas demais pessoas. Sou capaz de afirmar novamente que, no final das contas, as pessoas vivem pelas pessoas.

Fumio Sasaki
27 de maio de 2018

recapitulando: 50 passos para adquirir novos hábitos

1. Corte laços com círculos viciosos
2. Primeiro, decida do que vai desistir
3. Alavanque pontos de inflexão
4. Pare de uma vez por todas — é mais fácil
5. Você sempre paga o preço
6. Examine os gatilhos e as recompensas de seus hábitos
7. Torne-se um detetive que procura o verdadeiro criminoso
8. Não transforme identidade em desculpa
9. Comece com hábitos fundamentais
10. Mantenha um diário para registrar observações sobre si mesmo
11. Medite para aumentar sua habilidade cognitiva
12. Perceba que o entusiasmo não ocorre antes que você faça alguma coisa
13. O que quer que faça, reduza seus obstáculos
14. Perceba que os obstáculos são mais poderosos que as recompensas

15. Aumente os obstáculos para hábitos que quer largar
16. Gaste dinheiro em seu investimento inicial
17. "Vamos por partes"
18. Torne seus alvos ridiculamente pequenos
19. Comece hoje
20. Faça todos os dias (é mais fácil)
21. Não abra "exceções" conforme avança
22. Aproveite que você não é bom nisso
23. Estabeleça gatilhos
24. Crie uma grade de horário para adultos
25. Ninguém tem o poder de se concentrar
26. Aja de acordo com a data
27. Estabeleça uma recompensa temporária
28. Faça bom uso da atenção das pessoas
29. Faça uma declaração antecipada
30. Pense e aja na terceira pessoa
31. Pare no meio de algo
32. Não pare completamente. Mantenha o ritmo
33. Mantenha registro de seus hábitos
34. Faça pausas para conservar sua força
35. Tire uma soneca (os efeitos positivos são enormes)
36. Descanse agressivamente
37. Valorize o que não está transformando em hábito
38. Não misture seus "objetivos" com seus "alvos"
39. Olhe apenas para os alvos que estão diante de você
40. Experimente fracassos — eles são indispensáveis para seus hábitos
41. Pare de se preocupar com o tempo necessário para algo virar um hábito

42. Faça; é melhor do que simplesmente não fazer
43. Aumente gradualmente o nível de dificuldade
44. Supere cada desafio ao longo do caminho
45. Mantenha e aumente sua autoeficácia
46. Crie uma reação em cadeia
47. Adapte seus hábitos quando necessário
48. Crie hábitos que sejam só seus
49. Faça as pazes com a noção de que em algum momento seus hábitos vão entrar em colapso
50. Saiba que os hábitos não têm fim

recapitulando: 14 inibidores de bons hábitos

1. Acreditar que um mau hábito é necessário para aliviar o estresse
2. Focar só nos pontos bons
3. Confiar em sua motivação
4. Não ter as ferramentas certas
5. A consciência das dificuldades
6. A sensação de insegurança produzida por um fracasso
7. Começar em um "bom" momento
8. Pensar que amanhã você será o Super-homem
9. Criar uma exceção para o dia em questão
10. Pensar que é tarde demais para começar
11. Não ter um gatilho
12. Dar uma recompensa conflituosa para si mesmo
13. Fingir que algo nunca aconteceu
14. A questão da "única moeda"

Acesse o QR Code ao lado e adquira o primeiro best-seller de Fumio Sasaki, Dê adeus ao excesso.

Primeira edição (fevereiro/2022)
Papel de miolo Pólen soft 70g
Tipografias Josefina Slab e Montserrat
Gráfica Santa Marta